La peinture

François GIBOULET
Michèle MENGELLE-BARILLEAU

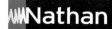

Sommaire

© Nathan, 25 avenue Pierre-de-Coubertin, 75013 Paris, 2009 (pour la présente édition) – ISBN 978-2-09-160960-7
© Nathan 2006 – ISBN 978-2-09-183111-4

MODE D'EMPLOI

**Divisé en six parties, l'ouvrage s'organise par doubles pages.
Chaque double page fait le point sur un thème
et fonctionne de la façon suivante.**

À gauche
Une page synthèse apporte toutes les informations pour comprendre le sujet de la double page.

À droite
Une page explication développe un point particulier qui illustre et complète la page de gauche.

Le menu aide à repérer les six parties du livre.

Le titre annonce le thème de la double page.

Le titre de la page de droite met en lumière un point particulier.

Quelques lignes d'introduction présentent les principaux éléments du sujet.

HISTOIRE
CATÉGORIES ET GENRES
ÉLÉMENTS PRATIQUES
TECHNIQUES
LIRE UN TABLEAU
CONSERVER/EXPOSER

L'impressionnisme

Au cours de la seconde moitié du XIXe siècle, l'impressionnisme révolutionne la peinture et annonce l'art moderne. En 1874, de jeunes peintres constitués en association exposent leurs toiles chez le photographe Nadar. Leurs audaces picturales et le choix de leurs sujets provoquent le scandale.

● Une nouvelle façon de peindre que rejettent l'Académie et le Salon
■ Dans la seconde moitié du XIXe siècle, Édouard Manet (1832-1883) rompt avec les conventions picturales. Il compose des tableaux qui exploitent les qualités plastiques du motif et révolutionne l'art de peindre en refusant le modèle en clair-obscur. La lumière découpe brutalement le tableau, la couleur est posée en larges aplats, sans nuances qui symbolisent les formes. Le geste pictural est libre et direct. Manet, d'abord reçu au Salon (1861) avec mention, est refusé en 1863 avec *Le Déjeuner sur l'herbe*, jugé scandaleux.
■ Très admiré, Manet devient le chef de file de jeunes peintres qui refusent l'académisme : Monet, Renoir, Sisley, Bazille, Degas. Mais Manet, voulant garder son indépendance, ne se joindra pas à ses amis lors de leur première exposition à Paris en 1874 chez Nadar. C'est lors de cette exposition qu'un critique, se référant au tableau *Impression, soleil levant* de Monet (1872), les surnomme « impressionnistes ».

● Le peintre plante son chevalet à l'extérieur
■ Les premières lignes ferroviaires conduisent les artistes au bords de la Seine, de la Marne et en Normandie. Claude Monet (1840-1926), Pierre-Auguste Renoir (1841-1919) et Camille Pissarro (1830-1903) travaillent directement dans la nature, peignant en touches rapides et nerveuses la vie frémissante des berges et des villages. Les impressionnistes exaltent l'émotion de la sensation fugitive et de la précarité de l'instant.
■ Renoir, au cœur de Montmartre, compose ses toiles les plus célèbres dans lesquelles la lumière criblée par le feuillage tombe en « pluie » de petites touches claires sur les personnages (*Le Bal au moulin de la Galette*, 1876). Pissarro est le peintre des vues insolites, des paysages traversés par un chemin ou une route.

● La liberté des thèmes
■ Edgar Degas (1834-1917) reçoit une formation classique à l'école des Beaux-Arts de Paris puis se tourne vers l'impressionnisme, dont il apprécie la liberté des thèmes. Il puise son inspiration dans la vie de la capitale, s'attache aux ambiances de la lumière artificielle, au monde du théâtre et aux coulisses de l'Opéra. C'est aussi le peintre des blanchisseuses, des cafés, du petit peuple parisien et des champs de courses, qu'il fréquente et dessine d'un trait virtuose.
■ Berthe Morisot (1841-1895), après sa rencontre avec Manet en 1868, rejoint les impressionnistes. Son œuvre témoigne du bonheur tranquille de ses proches (*Le Berceau*, 1874).
■ Alfred Sisley (1839-1899), d'origine britannique, s'installe en France et rallie Monet et Renoir lors de la première exposition chez Nadar. Sa peinture aux tons clairs exprime la douceur des campagnes tranquilles et silencieuses.

28

LA TOUCHE DEVIENT L'ÉCRITURE DU PEINTRE

Monet, *Coquelicots*, 1873. Huile sur toile (50 x 65 cm), musée d'Orsay, Paris.

Monet, *Impression, soleil levant* (détail), 1872.
Huile sur toile (47 x 64 cm), musée Marmottan, Paris.

▪ L'écriture du peintre
La touche est la trace de l'outil (couteau, pinceau) sur le support, de la couleur posée directement au tube. Selon la quantité de peinture déposée en une seule fois, la touche est légère ou présente des empâtements plus ou moins épais. La touche, ou l'écriture de Monet, révèle et identifie l'artiste.
– Les formes rapides sont modulées par la couleur.
– La liberté de la touche, plus ou moins large, épaisse ou fluide, donne un aspect de « non-fini » de la surface picturale.
– Le jeu des contrastes colorés : le rouge des coquelicots s'attisant au contact du vert, sa complémentaire, est vibratoire.

29

Les sous-titres permettent de saisir l'essentiel en un coup d'œil.

Le tableau accompagne la découverte de l'univers pictural du peintre.

Le détail aide à mieux comprendre le geste du peintre.

3

HISTOIRE

CATÉGORIES ET GENRES

ÉLÉMENTS PLASTIQUES

TECHNIQUES

LIRE UN TABLEAU

CONSERVER/EXPOSER

L'art pariétal

L'art pariétal est l'ensemble des œuvres exécutées par les hommes de la préhistoire sur les parois des cavernes. Ils ont représenté les animaux qu'ils chassaient et des signes abstraits – traces de rites magiques ou volonté de laisser son empreinte – qui nous semblent encore très mystérieux.

⬤ Les premières découvertes

Les hommes préhistoriques ont commencé à dessiner et à peindre sur les murs des grottes il y a plus de 20 000 ans. Jusqu'à la fin du XIXᵉ siècle, l'authenticité de ces peintures fut contestée. On attribuait ces signes et ces dessins à de mauvais plaisants ou à de vagues ancêtres venus de l'Antiquité. C'est seulement en 1902, avec les découvertes en Dordogne des grottes ornées des Combarelles et de Font-de-Gaume, que la réalité de la peinture « préhistorique » fut admise. Les hommes de la préhistoire gravaient, dessinaient et coloriaient les murs de leurs abris. Aujourd'hui, la datation de ces peintures rupestres est menée avec des moyens techniques rigoureux et précis. L'utilisation de la méthode du radiocarbone (carbone 14) permet aux chercheurs de calculer l'âge des corps organiques présents dans les peintures.

⬤ Les inventions techniques

▰ Le peintre travaille avec des moyens rudimentaires. Il fabrique lui-même ses pinceaux – de simples tiges mâchouillées, pour faire éclater les fibres de bois et les transformer en « étoupe », ou une petite branche sur laquelle il fixe des herbes sèches ou des poils. Pour la peinture, trois couleurs de base sont tirées de pierres colorées. Il concasse et pulvérise ces pierres pour les transformer en fine poussière. Cette poudre, mélangée à de la graisse et à de l'eau, constitue une excellente pâte colorante qui peut traverser les âges sans perdre ni son éclat ni sa brillance.

▰ Le peintre peut également mettre cette poudre colorée dans sa bouche et la propulser violemment sur la paroi en soufflant dans une tige ou un os creux. La main qui s'interpose devient un pochoir et laisse son image en creux. Les lignes sont successivement gravées puis tracées au charbon. Pour suggérer des effets de volume, le peintre exploite les anfractuosités du rocher. Il modèle sa représentation en dessinant le ventre d'un animal sur la rondeur d'une bosse de la paroi.

Mains négatives,
vers 15000 av. J.-C.
Grotte de Pech-Merle, Lot.

⬤ L'art, les rites et les croyances

Différentes significations s'opposent. Les préhistoriens du XIXᵉ siècle considèrent l'art rupestre comme le témoignage d'une simple activité esthétique : l'homme préhistorique peint exclusivement pour le plaisir de peindre. En 1903, Salomon Reinach propose une interprétation sacrée et magique de ces peintures : dessiner pour posséder. Il envisage un rite secret, une magie de la chasse qui donnerait à l'homme le pouvoir de domination sur l'animal au moment de sa découverte et de sa capture. Certaines analyses plus récentes envisagent des rites de fertilité se déroulant dans les grottes transformées en sanctuaires, abritées et closes.

LASCAUX, LA PERSPECTIVE TORDUE

Deuxième Taureau, *vers 15000 av. J.-C.*
Grande Salle des taureaux, Lascaux - Longueur 3,50 m.

◼️ Lascaux

Le 12 septembre 1940, quatre jeunes garçons en vacances dans le village de Montignac, en Dordogne, découvrent l'ensemble de la grotte de Lascaux. L'abbé Henri Breuil, préhistorien, vient, la même année, étudier sur place les peintures rupestres. Il décrit les caractéristiques du dessin et invente le terme de « perspective tordue » : l'animal est représenté immobile, en position de profil « absolu », mais pour faciliter la lecture du dessin, les cornes, l'œil et les sabots sont vus de face.

◼️ La représentation picturale

Les cornes sont vues de trois quarts : l'une en forme de C et l'autre en forme de S ; le mufle est représenté par un C souligné par le court trait de la lèvre inférieure (fig. 1). Une oreille poignard est plantée derrière les ramures (fig. 2). Le décrochement des lignes du dessin du ventre évoque la profondeur de l'arrière- plan occupé par les pattes du fond (fig. 3).

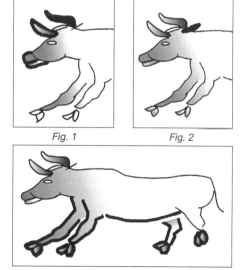

Fig. 1   Fig. 2

Fig. 3

HISTOIRE

CATÉGORIES ET GENRES

ÉLÉMENTS PLASTIQUES

TECHNIQUES

LIRE UN TABLEAU

CONSERVER/EXPOSER

L'Antiquité égyptienne et gréco-romaine

Il y a 5 000 ans, en Égypte, au cœur des pyramides, l'art de la peinture se codifie et se développe. Ce culte de la représentation influencera les navigateurs grecs et l'Empire romain.

● La peinture de l'ancienne Égypte : un art sacré

■ Depuis la naissance de la civilisation égyptienne (3000 av. J.-C.), la peinture joue un rôle important pour les pharaons. Dans la religion, la vie peut se poursuivre après la mort si les rites funéraires sont accomplis : momification du corps, construction d'un tombeau (pyramide) et décoration des salles funéraires. L'âme du défunt peut alors revivre les activités représentées à l'intérieur du tombeau.

■ La peinture égyptienne procède par étapes. Le tailleur de pierre égalise la paroi du mur sur laquelle le maçon étale une couche de stuc. Le peintre dessine ensuite son croquis avec une encre rouge. Le sculpteur évide le contour des figures, puis il passe une couche d'enduit blanc. Le peintre applique enfin les différentes couleurs : les contours en rouge, la chair des personnages en ocre pour les femmes et brun-rouge pour les hommes. Les cheveux sont noirs, les vêtements sont blancs, ornés de pierres précieuses ou de coquillages collés directement sur le mur.

● La Grèce antique : idéaliser le réel

■ Les témoignages de la peinture grecque du premier millénaire avant Jésus-Christ ont presque totalement disparu. Nous ne connaissons de ces peintures que des descriptions retrouvées dans les récits des historiens et des philosophes. Les artistes grecs ignorent les règles de la perspective moderne basée sur les lignes de fuite. Pour créer l'illusion du réel, ils diminuent intuitivement la taille des objets vers la ligne d'horizon et placent des effets de lumière réalistes. Pline a raconté l'histoire du célèbre peintre Zeuxis (env. 464 av. J.-C. - env. 398 av. J.-C.) qui parvenait si bien à imiter la nature que les oiseaux, trompés, vinrent picorer les grains de raisin peints sur la toile d'un décor exposé en plein air.

■ Les décorations peintes sur les vases et les poteries témoignent de l'évolution du style de la civilisation grecque. Le premier style, dit archaïque (800 av. J.-C.), se caractérise par des formes géométriques rigides et des sujets représentés de profil (influence de l'Égypte), le dernier style, dit hellénistique (après 323 av. J.-C.), par la volonté de l'artiste de glorifier un certain idéal d'équilibre et de beauté : harmonie de la nature et nudité parfaite du corps des dieux.

● Rome : les emprunts à l'art grec

Rome, à la tête de son empire, envahit la Grèce. Les Romains sont séduits par cet idéal artistique de l'ordre et de la mesure développé par les Grecs. Les artistes poursuivent cette tradition. Ils copient les statues et les peintures grecques pour enrichir les collections des riches aristocrates. Pompéi reste un précieux vestige de cette alliance entre les deux cultures : des vues d'architectures et de jardins décorent l'intérieur de chaque maison. Ces compositions témoignent d'une grande maîtrise de la représentation illusionniste héritée des Grecs.

L'IMAGE FRONTALE

La Reine Néfertari devant sa table de jeu, *environ 1298-1235 av. J.-C. Peinture sur stuc en relief (0,61 x 0,70 m), tombe de Néfertari, Thèbes.*

◼️ Scène de la vie quotidienne

La reine Néfertari (XIIIe s. av. J.-C.) joue au *senet*, l'ancêtre du jeu d'échecs.
Le damier est représenté vu de face et frontalement. Cette disposition empêche de voir le dessus de la table. C'est la règle sacrée de la peinture égyptienne : l'artiste doit représenter toute chose et tout être humain sous son angle le plus caractéristique. Par convention, il schématise les silhouettes et pose les couleurs en aplat.

◼️ La représentation du corps humain

Pour l'être humain, la schématisation impose une représentation qui alterne des vues de face et de profil :
– la tête est toujours vue de profil car elle se voit mieux ainsi ; en revanche, l'œil est dessiné de face ;
– la partie supérieure du corps est plus visible de face, les épaules sont donc « rabattues » (dessinées de face) ;

– les jambes sont représentées de profil avec l'une qui avance pour être visible ;
– les pieds sont identiques, car il est plus facile, pour l'artiste, de représenter un pied vu de l'intérieur. Ainsi, le personnage ci-contre semble avoir deux pieds gauches ;
– les bras, les mains et les doigts sont entièrement dessinés par souci de clarté descriptive.

Sennefer et son épouse Merety. *Tombe de Sennefer, XVIIIe dynastie, Vallée des Nobles, Égypte.*

HISTOIRE

CATÉGORIES ET GENRES

ÉLÉMENTS PLASTIQUES

TECHNIQUES

LIRE UN TABLEAU

CONSERVER/EXPOSER

Le Moyen Âge

L'époque troublée que fut le Moyen Âge du VIᵉ au XIᵉ s. n'a pas été favorable à la survie des œuvres peintes. Du XIIᵉ au XVᵉ s., la peinture romane puis gothique, principalement d'inspiration religieuse, se développe sous différentes formes : vitraux, tapisseries, enluminures. Dès le XIVᵉ s., l'art profane s'impose.

● L'art du vitrail domine la peinture monumentale du Moyen Âge

▬ À partir du XIIᵉ siècle, les théologiens voient dans le vitrail une métaphore de la lumière divine ; dès lors, il se multiplie dans les églises. Le vitrail roman emprunte l'iconographie stylisée et ornementale des peintures murales et des enluminures.

▬ Le vitrail a deux formes principales : le médaillon – c'est la forme la plus ancienne – et le panneau carré dont le côté mesure au maximum un mètre. Les couleurs ont une fonction symbolique : le bleu profond représente le monde céleste, le rouge intense, le monde terrestre.

▬ Au XIIIᵉ siècle, la croisée d'ogives gothique élève la voûte, les murs cèdent la place aux verrières. Le vitrail se dote de barlotières (structures métalliques forgées intégrées au châssis) alors que l'ornementation s'épure. À partir du XIVᵉ siècle, les couleurs laissent une place de plus en plus grande à des panneaux de grisaille (peinture grise sur verre incolore), ce qui renforce la fonction éclairante des verrières.

● La peinture murale et la tapisserie : un art décoratif et narratif

▬ La peinture murale qui orne les églises raconte les épisodes du Nouveau et de l'Ancien Testament à l'intention de ceux qui ne savent pas lire. Jusqu'au XIIᵉ siècle, l'artiste peint selon des codes encore très proches de l'art byzantin : la composition est statique, la réalité n'est pas représentée. Soulignés de noir, les personnages sont tout en longueur, les yeux grands ouverts cernés de sombre, le nez long, la bouche réduite à deux lignes, les mains et les pieds effilés, le drapé vigoureux. Ils sont représentés de face ou de trois quarts, leur taille varie selon la hiérarchie, les objets sont vus de dessus en perspective rabattue. Dans l'Europe du Nord, cette peinture murale sera remplacée par le vitrail à partir du XIIᵉ siècle.

▬ Les murs des demeures féodales se réchauffent de tentures aux couleurs vives. Les thèmes sont profanes ou religieux (tapisserie de Bayeux, XIᵉ s., récit de la conquête de l'Angleterre par Guillaume le Conquérant). Au XIVᵉ s., les maîtres lissiers s'inspirent des miniatures et créent des tapisseries où les sujets historiques côtoient le religieux (tapisserie de l'Apocalypse, de Nicolas Bataille, 1376-1400).

● L'enluminure : du sacré au profane

▬ L'enluminure romane (miniature ornant un manuscrit) du XIᵉ s. offre des images poétiques aux couleurs vives. Elle sert à la transmission des enseignements de l'Église. Les artistes sont libres de disposer, sans souci de réalité, des formes et des couleurs en une peinture claire et simplifiée.

▬ L'enluminure gothique s'inspire du vitrail, puis, au XIVᵉ s., développe un art profane raffiné. *Les Très Riches Heures du duc de Berry,* des Limbourg, en sont l'apothéose : les personnages élégants, les châteaux et les couleurs donnent l'illusion de la vie et annoncent le goût pour l'observation de la nature de la Renaissance.

L'ART RAFFINÉ DES FRÈRES LIMBOURG

Très Riches Heures du duc de Berry, 1413-1416, *« le mois d'août », (29 x 31 cm). Musée Condé, Chantilly.*

■ L'alliance du sacré et du profane

Les *Très Riches Heures du duc de Berry* est un livre de prières illustré par un calendrier d'inspiration profane réalisé par les frères Limbourg, miniaturistes d'origine flamande. La méditation y cède au plaisir des yeux. Au fil des pages, le duc de Berry (1340-1416) est glorifié. Les frères Limbourg le mettent en scène et dessinent les belles architectures de ses châteaux. Pol, l'un des trois frères, dit le Courtois, traduit avec un évident bonheur le luxe de la cour de son mécène.

■ Une scène d'été

Au premier plan, les cavaliers, dessinés avec élégance et des couleurs chatoyantes, révèlent un artiste séduit par le faste de la cour (luxe des vêtements, des ors et des montures).
La scène de chasse au faucon se déroule au pied du château d'Étampes (détruit en 1411) dont l'architecture est rendue avec précision. L'artiste traduit l'excitation des faucons prêts à s'envoler et celle des chiens.
Tandis que des nageurs, hommes et femmes, se baignent ou se rafraîchissent, les paysans achèvent la moisson et lient les bottes.

HISTOIRE

CATÉGORIES ET GENRES

ÉLÉMENTS PLASTIQUES

TECHNIQUES

LIRE UN TABLEAU

CONSERVER/EXPOSER

La Renaissance italienne

La Renaissance naît en Italie au XIVᵉ siècle, dans une Europe encore médiévale qu'elle va éblouir pendant deux siècles. Le mécénat des papes et des Médicis à Florence, les grandes découvertes en sciences, sciences humaines, l'imprimerie... favorisent l'éclosion de l'esprit scientifique et des arts.

● La découverte d'un art nouveau

■ À la fin du XIVᵉ s., pour la première fois, un peintre se libère du hiératisme byzantin et des codes de la représentation sacrée et crée une image encore inconnue. Giotto (1266 ?-1337) invente l'illusion de la profondeur par des effets de perspective et de raccourci et insuffle à ses personnages une humanité vivante. Sa renommée est immédiate. Les Italiens reconnaissent en lui le successeur tant attendu des maîtres anciens, qui renoue avec le brillant passé de la civilisation romaine.

■ Le Quattrocento (datation italienne des années 1400) ou XVᵉ siècle voit l'apogée de Florence et des premiers mécènes, acteurs d'une civilisation raffinée tournée vers les arts : Cosme de Médicis l'Ancien, Laurent le Magnifique et le pape Sixte IV. À ce goût pour les arts s'ajoute une curiosité insatiable pour les sciences, la nature et les vestiges antiques. Les grandes découvertes créent un élan nouveau qui concourt à valoriser l'homme dans son individualité (humanisme).

■ Filippo Brunelleschi (1377-1446) élève le Dôme de Florence et invente la perspective, solution mathématique à l'illusion de la profondeur qui révolutionne la peinture et que Masaccio (1401-1428) et Piero della Francesca (1416-1492) expérimentent. Désormais, l'artiste est respecté et participe au prestige des villes princières et des républiques qui se disputent les services des plus grands.

● La recherche de la perfection et de l'harmonie

Au Cinquecento (XVIᵉ siècle), la perspective est maîtrisée, et l'admiration vouée à l'architecture et à la statuaire antiques conduit les artistes à rechercher un idéal de perfection esthétique. Rome devient la capitale artistique. Tandis que Bramante (1444-1514) érige la cathédrale Saint-Pierre, les peintres les plus prestigieux équilibrent traduction de la vie et lois géométriques. Léonard de Vinci (1452-1519) établit des règles de proportions du corps humain et invente un modelé par dégradés de couleurs sans démarcation, le *sfumato*. Michel-Ange (1475-1564) se réfère aux corps d'athlètes de la statuaire antique (fresques de la chapelle Sixtine). Raphaël (1483-1520) incarne l'harmonie et la spiritualité réunies en créant un type de madone universelle inscrite dans une composition pyramidale ou elliptique.

● La couleur et la lumière

La fin du Cinquecento, sous l'influence des peintres vénitiens, cède la place à la couleur. À Venise, les peintres qui ont adopté la peinture à l'huile des Flamands découvrent une technique nouvelle. Ils « ne dessinent pas avec la couleur », mais l'utilisent en empâtements de plages lumineuses, en glacis (transparents), pour modeler dans la pâte soit une peinture lyrique et sensuelle (Giorgione, 1477-1510), soit une œuvre puissante par son harmonie (Titien, 1490-1576), soit une peinture aux contrastes violents (le Tintoret, 1518-1594).

IDÉAL DE PERFECTION ET TRAVAIL D'ATELIER

Raphaël, **Balthazar Castiglione**, *vers 1515.*
Huile sur bois (0,82 x 0,67 m), musée du Louvre, Paris.

▰ Le portrait d'un humaniste

Raphaël inscrit le buste de Balthazar Castiglione, vu de trois quarts, dans une composition triangulaire caractéristique de la Renaissance. Si la force du personnage tient à son regard, le triangle, figure stable dans lequel les bras occupent pleinement les deux angles de la base, contribue à cette impression de solidité. Ce portrait incarne l'humanisme de la Renaissance : un homme, que l'on sent pétri d'intelligence et de bonté, ouvre un regard droit tourné vers le monde.

▰ Les ateliers

Les différents métiers sont organisés en corporations, appelées en Italie les « arts » ; le peintre appartient à celle de l'art des marchands de couleurs, considéré comme l'un des sept « arts » majeurs. Les corporations sont de puissantes associations ; elles ont leurs règles propres. L'aspirant doit être reconnu par ses pairs pour s'inscrire, et acquitter un droit d'entrée. Il peut former des apprentis s'il est jugé « posséder toutes les qualités morales et professionnelles requises ». Chaque métier regroupe des maîtres, des compagnons et des apprentis.

Lorsqu'un jeune garçon est en âge d'entrer en apprentissage (12-13 ans), ses parents lui cherchent un maître pour une formation qui dure entre six et huit ans. L'atelier est une grande famille où chacun œuvre pour le maître. L'apprenti vit chez son patron, qui le loge, le nourrit et l'habille. Il apprend le métier en regardant faire et participe d'abord à de menus travaux (balayage de l'atelier, broyage des couleurs). Au fur et à mesure, il est chargé de la préparation du support, de la réalisation de tel ou tel motif ou de larges parties d'un tableau. Son salaire est proportionnel au travail effectué. À l'issue de l'apprentissage, devenu compagnon, il est libre de prendre un logement indépendant, de changer d'atelier et peut aspirer au titre suprême, celui de maître.

L'attribution de la peinture d'atelier revient au maître, qui supervise le travail et se réserve les visages, les mains… et la « touche » finale. L'élève parfois supplante son maître. La légende veut qu'Andrea Verrochio (1435-1488) cessa de peindre pour se consacrer à la sculpture dès lors que le jeune Léonard de Vinci le surpassa.

Les cartouches des tableaux dans les musées nous apportent des précisions : le nom du peintre précédé de la mention « Atelier de » signifie que seules certaines parties sont réalisées par l'artiste, ou que le peintre a jugé l'œuvre digne de son art et l'a signée ; si le nom apparaît seul, cela signifie que l'œuvre est entièrement de la main de l'artiste.

HISTOIRE

CATÉGORIES ET GENRES

ÉLÉMENTS PLASTIQUES

TECHNIQUES

LIRE UN TABLEAU

CONSERVER/EXPOSER

Le réalisme flamand au XVe siècle

Alors que la Renaissance débute en Italie, la peinture flamande perfectionne une technique propice à rendre les effets de matière, éblouissant une clientèle sensible aux objets tangibles.

● L'invention de la peinture à l'huile

Afin de traduire avec plus de vérité les détails qui donnent une réalité aux sujets peints, Van Eyck (1390-1441) perfectionne la fabrication de la peinture à l'huile et ouvre la page de la tradition des peintres du Nord, spécialistes du rendu des matières. Cette technique offre une souplesse d'emploi et des procédés que ne permet pas la *tempera* en usage à l'époque (peinture siccative). En séchant lentement, la peinture à l'huile rend possibles les retouches, les glacis et les pointes de lumière qui confèrent à l'image peinte une matérialité presque tactile.

● Le souci du détail vrai

■ Grâce à la peinture à l'huile, les peintres flamands obtiennent l'illusion de la réalité en soignant minutieusement les détails (pelage des animaux, fourrures et modelé des personnages, etc.). La société de marchands et de grands bourgeois auxquels elle est destinée, moins sensible aux valeurs humanistes naissantes qu'aux biens terrestres, est d'emblée séduite par le reflet que lui renvoie comme un miroir la surface peinte. Cette virtuosité à faire naître bijoux, fleurs, tissus riches et soyeux deviendra la marque des villes du Nord : Anvers, Bruges, Gand, et de leurs peintres.

■ Ce souci du détail pousse les peintres à décrire les objets de la vie quotidienne (lustres, miroirs, bassines en cuivre) mais aussi la nature et ses paysages, considérés comme de vrais espaces ouverts en perspective sur le lointain, traité en dégradés de couleurs (perspective atmosphérique). La flore elle-même, objet d'une observation digne des naturalistes, n'échappe pas à cette redoutable acuité.

● La naissance du portrait psychologique

■ La clientèle fortunée des commerçants de la Hanse collectionne et orne ses appartements d'objets précieux et de portraits. Les artistes détaillent les visages avec la même exigence que pour les objets matériels et réalisent d'authentiques portraits. Ils se détachent des canons de beauté à la mode et tentent de traduire le caractère secret de leurs modèles. Sans concessions, le peintre capture le regard vague ou pénétrant et livre des visages ronds et purs ou alourdis par les années (Memling, v. 1433-1494).

■ La peinture religieuse ajoute à la psychologie des personnages, doublée d'une technique scrupuleuse du détail, une dimension de silence recueilli et digne typique de l'art sacré des artistes flamands du XVe siècle. Rogier Van der Weyden (v. 1399-1464) dramatise sa mise en scène ; l'émotion et les sentiments retenus dessinent les visages, les lignes sinueuses des corps construisent une image tourmentée et sculpturale. Les madones de Memling, elles aussi toutes en retenue, offrent au contraire, en une composition triangulaire simple, le charme d'une peinture au dessin souple dans les attitudes, des visages sereins et paisibles.

LES APPORTS DE LA PEINTURE À L'HUILE

Van Eyck, **Les Époux Arnolfini,** *1434.* Huile sur bois (0,82 x 0,59 m), National Gallery, Londres.

La technique de la peinture à l'huile était déjà connue, mais Van Eyck la perfectionne. Par un savant mélange de pigments, de craie et de médiums plus ou moins siccatifs, il joue à la fois sur le temps de séchage, la couleur et la réflexion de la lumière. Un médium de faible siccativité (séchage lent) permet de travailler plus longtemps la matière picturale ; au contraire, un pouvoir siccatif élevé facilite la superposition de fines couches colorées transparentes et la reprise de détails. Il obtient ainsi des effets lumineux et de texture sans précédent. La touche de lumière sur le métal du lustre, le poli du miroir, le pelage du chien, etc. éblouissent ses contemporains. Désormais, la peinture à l'huile est considérée comme la meilleure technique et adoptée par la majorité des peintres. Van Eyck, « l'inventeur » de la peinture à l'huile, innove : la finesse de son observation, l'équilibre des espaces et des proportions ouvrent la voie à la tradition flamande. Le rendu des tissus, des fourrures et des bijoux restera longtemps la marque des peintres du Nord.

HISTOIRE

CATÉGORIES ET GENRES

ÉLÉMENTS PLASTIQUES

TECHNIQUES

LIRE UN TABLEAU

CONSERVER/EXPOSER

La Renaissance en Europe au XVIᵉ siècle

Un siècle s'écoule avant que la Renaissance venue d'Italie gagne l'Europe. L'Europe du Nord, sous l'influence de la Réforme, abandonne les sujets religieux pour les scènes de genre ou le portrait.

La résistance des Flamands au modernisme italien

Deux figures originales marquent cette époque troublée : Jérôme Bosch (1450-1516) et Pieter Bruegel (1525 (ou 1530)-1569). Bosch, féroce, drôle ou trivial, ignore l'idéal italien et se fait l'interprète de la terreur liée aux péchés de l'homme. Son œuvre symbolique multiplie les détails et grouille d'inventions lorsqu'il illustre le châtiment suprême dans *Le Jardin des délices*. Bruegel applique la perspective à ses tableaux tout en puisant son inspiration dans les scènes populaires ou folkloriques. Il met en scène des personnages typés souvent frustres, sur lesquels il porte un regard amusé et bon enfant, ou brosse un hommage à la nature, dans lequel des hommes minuscules semblent se livrer à des activités de fourmis.

P. Bruegel, Jeux d'enfants *(détail), 1559. Huile sur bois (1,20 x 1,60 m), Kunsthistoriches Museum, Vienne.*

La synthèse allemande

■ Les artistes allemands Albrecht Dürer (1471-1528) et Hans Holbein le Jeune (1497-1543), pris dans la tourmente religieuse, trouvent protection auprès des cours européennes. Ils emportent avec eux la leçon italienne : l'appropriation des formes classiques et des proportions idéales, mais aussi leurs spécificités : le goût du détail, la maîtrise du rendu des tissus et des matières, leur capacité descriptive presque scientifique de la nature observée dans ses moindres détails.

■ Hans Holbein domine l'art du portrait, auquel il s'adonne presque exclusivement vers la fin de sa vie. Le peintre y conjugue finesse d'observation, présence psychologique et rigueur classique de la composition italienne.

En France, l'art est le fait du roi

■ François Iᵉʳ, ébloui par le raffinement de la Renaissance lors des guerres d'Italie, décide de l'introduire à la cour et s'entoure d'artistes. Il invite Léonard de Vinci à Amboise, puis des Florentins, Francesco Primatice (1504-1570) et Fiorentino Rosso (1494-1540), à qui il confie la décoration de son nouveau palais (1533-1537). L'école de Fontainebleau est née. La grande galerie se pare de sujets allégoriques et sensuels mêlés au stuc en compositions monumentales. La peinture de chevalet, en revanche, offre des portraits élégants aux couleurs froides.

■ François Iᵉʳ s'attache également une famille de peintres français d'origine flamande, les Clouet, spécialistes des portraits et du rendu des étoffes. Il dote son pays d'une collection prestigieuse d'œuvres de Léonard de Vinci, Raphaël, Titien, etc.

ODES À LA NATURE

Pieter Bruegel, **Chasseurs dans la neige***, 1565. Huile sur bois (117 x 162 cm), Kunsthistorisches Museum, Vienne.*

■■ Une vision poétique

Dans l'univers de Bruegel, l'homme et ses activités sont subordonnés à la nature et à ses rythmes. Dans *Chasseurs dans la neige,* il évoque le fil des saisons et le sentiment de domination et d'appartenance. La foule menue des patineurs qui anime la surface glacée comme autant de fourmis perdues dans l'ample paysage gelé, la silhouette des chiens exténués, le dos rond des chasseurs fatigués qui marchent dans la neige fraîche au retour de la chasse témoignent de la dépendance de l'homme vis-à-vis de la nature. Avec une magistrale sobriété de couleurs, blanc, noir et gris, Bruegel synthétise le paysage en larges aplats blancs rayés de noir, évoquant ainsi puissamment la rigueur de l'hiver. La ligne pure des arbres, le raffinement des courbes souples des branches qui se détachent sur la neige, le vol de l'oiseau expriment avec élégance toute la poésie des vastes paysages du Nord.

■■ Le peintre observe la nature

Dürer acquiert rapidement une renommée d'admirable dessinateur, grâce à sa formation de graveur. Il dessine ici les herbes avec précision, il livre leurs particularités et leur beauté cachée à ses contemporains. L'artiste allie au goût nordique du détail une finesse d'observation de naturaliste et une réelle sensibilité.

Dürer, **Herbes.** *Étude à l'aquarelle (détail).*

HISTOIRE

CATÉGORIES ET GENRES

ÉLÉMENTS PLASTIQUES

TECHNIQUES

LIRE UN TABLEAU

CONSERVER/EXPOSER

Le caravagisme

Au XVIIᵉ siècle, le caravagisme (du nom de son créateur le peintre italien le Caravage) utilise de façon expressive les contrastes des clairs-obscurs. À la recherche de plus de réalisme, les peintres caravagesques composent aussi des motifs naturalistes qu'ils vont puiser dans des scènes de la vie populaire.

● L'expressivité du clair-obscur

■ L'action des tableaux de la Renaissance se déroule sous la lumière harmonieuse du soleil. Au début du XVIIᵉ siècle, le peintre italien Michelangelo Merisi dit le Caravage (v. 1573-1610) refuse les conventions de cet éclairage. Il renverse la tradition et propose un nouvel espace pictural qui exalte la valeur expressive du clair-obscur : le contraste violent de l'ombre et de la lumière.

■ Pour mettre en valeur les sources d'éclairage, le Caravage compose des tableaux qui se déroulent en pleine nuit ou dans un endroit obscur. Une lampe posée sur le sol ou une petite lucarne dans le plafond éclaire la scène représentée. Le faisceau lumineux traverse la composition et s'accroche sur le volume des objets. Il découpe brutalement celui-ci et modèle la forme des personnages.

● Le naturalisme

■ Par souci de réalisme, le Caravage met au point une forme de vérisme provocateur. Les scènes bibliques prennent une nouvelle force dramatique. Dieu, les saints et les apôtres ne sont plus représentés sous les traits de personnages idéaux, accompagnés de leurs accessoires symboliques. Ils ressemblent à l'homme de la rue, habillé simplement, au teint hâlé et à la peau ridée... La vie quotidienne fait irruption dans la peinture religieuse.

■ Les mendiants et les diseuses de bonne aventure deviennent le motif et le sujet du tableau. Le Caravage crée la première peinture réaliste au sens moderne du terme. Il fréquente les tavernes et les quartiers populaires. La peinture de genre d'inspiration naturaliste et descriptive se développe. La représentation se désacralise, le langage de la peinture est plus simple, plus naturel et plus proche de la vie populaire.

● Diffusion en Europe

Au cours du XVIIᵉ siècle, l'œuvre du Caravage fait l'admiration de plusieurs générations d'artistes. Les peintres européens font de fréquents séjours à Rome pour étudier les vestiges de l'art antique. C'est à la suite de ces voyages que le clair-obscur et le naturalisme du Caravage sont appréciés, copiés, puis diffusés dans toute l'Europe. En Italie, Orazio Borgianni (1578-1616) et Bartolomeo Manfredi (1580-1617) poursuivent l'œuvre du Caravage en utilisant le contraste du clair-obscur comme moyen d'expression. José de Ribera (1591-1652) et Diego Vélasquez (1599-1660) en Espagne, tout comme Rembrandt (1606-1669) en Hollande, s'inspirent souvent de ce style. En France, c'est le peintre lorrain Georges de La Tour (1593-1652) qui se rattache le mieux au courant du caravagisme. Célèbre pour ses peintures luministes, il place une chandelle au centre d'un groupe de personnages (Nativité, etc.). Une lumière rouge orangé modèle alors le visage des personnages regroupés dans l'obscurité du tableau.

LES TRADITIONS BOULEVERSÉES

Le rideau rouge accroché au-dessus du lit remplace l'image symbolique du nuage angélique exigé par les autorités religieuses. Sa couleur rouge fait un contrepoint céleste au vêtement de la morte.

L'éclairage incident tombe en diagonale sur la scène. Il met en relief la succession linéaire des crânes des apôtres et attire le regard du spectateur sur le visage de la Vierge Marie.

Les apôtres placés derrière le corps de la Vierge forment un groupe qui découpe une ligne oblique parallèle à l'ombre de la lumière sur le mur du fond.

Le Caravage, La Mort de la Vierge, 1606. *Huile sur toile (369 x 245 cm), musée du Louvre, Paris.*

La bassine témoigne de la simplicité de la chambre à coucher.

Au premier plan, la silhouette de Marie-Madeleine s'inscrit dans la ligne courbe découpée par le bras de la Vierge.

◼ La Mort de la Vierge

Ce tableau a été commandé au Caravage et payé avec une avance de 50 écus le 14 juin 1601, pour la décoration de l'une des chapelles de l'église Santa Maria della Scala in Trastevere à Rome. Une fois terminé, en 1606, il est refusé pour cause de réalisme. Le clergé reproche au Caravage son refus de peindre une image idéale de la Vierge Marie mourant conventionnellement dans la joie et l'extase divine. Les prélats accusent le peintre d'avoir pris pour modèle le corps d'une vraie femme (une « prostituée répugnante »). La Vierge est représentée avec les pieds gonflés et le ventre tendu d'une vraie morte.

HISTOIRE

CATÉGORIES ET GENRES

ÉLÉMENTS PLASTIQUES

TECHNIQUES

LIRE UN TABLEAU

CONSERVER/EXPOSER

Le baroque

Mouvement artistique (peinture, architecture, musique, lettres…), le baroque se répand dans toute l'Europe catholique du XVIIᵉ siècle. Au service des idées et des directives du concile de Trente et de la Contre-Réforme, les peintres baroques diffusent l'image vibrante d'un christianisme ouvert sur le monde et l'infini.

● L'art de la Contre-Réforme

■ Après les guerres de Religion et le concile de Trente, l'Église catholique codifie et encourage un art au service de la foi. Face à l'austérité protestante, le clergé prêche une image vigoureuse, vivante et grandiose. C'est un art d'émotion, d'exubérance et de faste. Il cherche à convaincre non pas par la raison mais par les sentiments.

■ Jusqu'au début du XXᵉ siècle, le terme baroque a une connotation péjorative, il est synonyme d'extravagance et de désordre. Il désigne les expressions artistiques qui sont contraires au bon goût classique. Il est réhabilité à la fin du XIXᵉ siècle.

● Les grandes caractéristiques

■ *Désagrégation du dessin.* Le volume des objets et des personnages n'est plus cloisonné par les lignes du dessin. Le peintre modèle librement les contours. Il pose des petites touches de peinture pour fondre la forme dans l'atmosphère.

■ *Effets de lumière.* L'éclairage dans un intérieur fermé vient d'une seule source. L'artiste utilise de violents contrastes de clairs-obscurs hérités de l'enseignement du Caravage. La lumière n'éclaire que les zones les plus intéressantes.

■ *Profondeur de l'image.* L'espace n'est plus construit en perspective géométrique régulière. Le peintre agence intuitivement la profondeur dans un seul mouvement d'espace, de nuages et de personnages qui attire le regard vers le fond de la scène.

■ *Composition dynamique et ouverte.* L'art baroque refuse l'équilibre des lignes droites verticales et horizontales. Il installe des diagonales, des courbes et des contre-courbes. L'image vibre. Elle est décentrée, ouverte et se poursuit de part et d'autre du tableau.

■ *Regroupement des sujets.* La peinture n'est plus la succession ou la juxtaposition de motifs les uns à côté des autres. Les personnages sont rassemblés et regroupés en une seule masse comme dans un flux qui dynamise l'image.

● La peinture envahit l'architecture

■ La décoration des édifices religieux permet à l'Église de la Contre-Réforme de séduire le public. Les fidèles sont à la recherche de l'image d'un Dieu triomphant. Cette peinture permet au peintre d'exposer son savoir-faire et sa virtuosité dans l'art du trompe-l'œil.

■ L'artiste peint de très grandes compositions dynamiques et animées. Les personnages sont en perpétuel déplacement, ils traversent l'espace du tableau. Une nuée d'anges vole autour du sujet principal en mouvement, ses vêtements soulevés par le vent. Peinture et architecture ne font plus qu'un. Le peintre accorde le dessin et la taille de son image à la forme et à l'emplacement du mur. Les acteurs sortent du tableau : ils traversent le cadre et s'intègrent au décor mural environnant.

LES PEINTRES BAROQUES EN EUROPE

Rubens, **Le Mariage par procuration,**
1622-1623. Huile sur toile (394 x 295 cm)
musée du Louvre, Paris.

◼️ De grands voyageurs

Jeune homme, le peintre flamand Pierre Paul Rubens (1577-1640) quitte son pays et réside dix ans en Italie, à Mantoue et à Rome, où il travaille à la copie des grands maîtres italiens. De retour à Anvers, il est nommé ambassadeur auprès des rois d'Angleterre et d'Espagne. Il séjourne successivement à Londres et à Madrid, où il propage les idées de la nouvelle peinture.

Son assistant et compatriote, Antony Van Dyck (1599-1641), s'installe une première fois à Londres, à la cour du roi d'Angleterre Charles Ier. Il voyage ensuite en Italie où il s'inspire de la fougue baroque.

En Espagne, à Madrid, Diego Vélasquez est le peintre de la cour. Il rencontre Rubens, chargé d'une mission diplomatique auprès du roi Philippe IV, qui l'incite à visiter Venise, Rome et l'Italie. Vélasquez y séjourne à deux reprises pour s'initier aux nouvelles formules picturales du baroque. À Rome, les artistes étrangers venus étudier sur place l'art des Italiens se connaissent et travaillent souvent ensemble.

rythmes curvilignes dans la courbe de la robe. Le drapé de la robe de mariée de la reine s'accorde avec celui de la statue. Les deux personnages en marbre du fond sont enchâssés dans l'architecture qui se dresse vers le ciel.

◼️ Rubens

Pierre Paul Rubens travaille pour toutes les cours d'Europe. À Paris, la reine Marie de Médicis lui commande une série de très grands tableaux destinés à décorer la galerie Ouest du palais du Luxembourg, sa nouvelle résidence. Ces peintures mettent en scène des épisodes allégoriques et historiques de sa vie. Parmi eux, son mariage par procuration avec Henri IV : le grand duc Ferdinand de Toscane l'épouse au nom du roi de France.

La couleur rouge envahit la surface, elle souligne l'importance de l'événement. Rubens glisse des

Les peintres baroques

Italie
Guido Reni (1575-1642)
Guerchin (1591-1666)
Europe du Nord
Pierre Paul Rubens (1577-1640)
Antony Van Dyck (1599-1641)
Espagne
Diego Vélasquez (1599-1660)
Bartolomé Murillo (1618-1682)
France
Simon Vouet (1590-1649)

HISTOIRE

CATÉGORIES ET GENRES

ÉLÉMENTS PLASTIQUES

TECHNIQUES

LIRE UN TABLEAU

CONSERVER/EXPOSER

L'art de la Réforme

Au XVIIᵉ siècle, l'Europe est divisée par la Réforme : le Nord adhère au protestantisme alors que le Sud reste catholique. La peinture hollandaise délaisse les sujets religieux traditionnels et les scènes fastueuses pour un univers pictural sobre, inspiré des scènes de la vie quotidienne.

● L'art au service de riches marchands

■ Le peintre répond au goût de riches marchands, plus attachés aux valeurs sociales et tangibles qu'humanistes, en proposant des sujets concrets. Il met au service des valeurs bourgeoises la tradition d'un savoir-faire pictural de rendu de la texture (velours, orfèvrerie, etc.).

■ Soucieux d'être en accord avec la mode et la représentation de leur image dans la société, ces commanditaires fortunés achètent des tableaux pour les accrocher aux murs de leur intérieur, d'où le nom de peinture de salon.

● Le peintre se spécialise et se tourne vers le quotidien

■ Le mécénat n'existe pas ; il revient aux peintres de se faire connaître et de proposer leurs toiles à d'éventuels acquéreurs. Afin d'acquérir une notoriété indiscutable dans un genre précis, ils se spécialisent et s'assurent ainsi des ventes substantielles. Bon nombre d'entre eux œuvreront au bénéfice de l'atelier de Rubens.

■ La clientèle hollandaise, friande de portraits, objets considérés comme des meubles décoratifs, les achète en pendants (paire). Les guildes et corporations puissantes qui gèrent la société commandent des portraits collectifs qu'elles destinent aux murs des salles de réunions (Rembrandt, *La Leçon d'anatomie, La Ronde de nuit*).

■ La nature morte triomphe. Les effets de matière saisissants révèlent la verrerie, l'écorce de citron, les fruits et les bouquets en allégories muettes de la fragilité des choses terrestres et de l'homme (vanités). La nature morte de la Réforme (Willem Claeszoo Heda, 1594-v.1680) oppose à l'exubérance baroque (Frans Snyders, 1579-1657) une sobriété construite en clair-obscur.

■ La peinture de paysages dévoile la beauté des paysages du Nord où les ruines antiquisantes cèdent la place aux moulins (Jacob Van Ruisdael, v. 1628-1682, et Jan Van Goyen, 1596-1656) et à la peinture de marines, précieuse source d'informations pour les historiens.

■ Les artistes du Nord développent les scènes de genre. Ils saisissent les scènes quotidiennes, épurées d'anecdotes inutiles, des cabarets et des intérieurs bourgeois. Rembrandt illustre un cas particulier : l'artiste prend la liberté de peindre des scènes bibliques, mais il en brouille l'identité en les situant dans le quotidien des scènes de genre ; parfois, seul le titre en révèle le sens (*Scène du Fils prodigue, dans une taverne*).

● L'art de la lumière des peintres hollandais

Bien que les peintres hollandais n'aient pas fait le traditionnel voyage en Italie, leurs œuvres attestent de l'influence du Caravage. Ayant assimilé le clair-obscur, chaque peintre se l'approprie selon sa personnalité, à l'image des natures mortes faiblement éclairées composées par Heda, des toiles brunes et chaudes à la lumière dorée de Rembrandt, ou de Jan Vermeer (1632-1675) qui adopte une lumière latérale plus franche.

LUMIÈRE FRANCHE, LUMIÈRE TAMISÉE

◾ Vermeer

La lumière latérale, issue d'une fenêtre que l'artiste place presque toujours à gauche, lui permet d'installer ses personnages en pleine lumière et d'exercer son art dans le jeu des contrastes.

Vermeer, **La Lettre d'amour,** *vers 1670.* Huile sur toile (44 x 38 cm), Rijksmuseum, Amsterdam.

◾ Rembrandt

Rembrandt choisit une source lumineuse provenant également de la gauche, mais l'écriture est différente. L'artiste, qui fut le premier peintre du Nord à utiliser les effets du clair-obscur, lie ses personnages au fond, traité dans les bruns, et brosse d'un geste libre des touches de lumière dorée et des ombres profondes qui modèlent les corps et créent cette atmosphère caractéristique de son œuvre.

Rembrandt, **La Fiancée juive,** *vers 1665.* Huile sur toile (121,5 x 166,5 cm), Rijksmuseum, Amsterdam.

HISTOIRE

CATÉGORIES ET GENRES

ÉLÉMENTS PLASTIQUES

TECHNIQUES

LIRE UN TABLEAU

CONSERVER/EXPOSER

Le classicisme

En France, dans la seconde moitié du XVIIᵉ siècle, Louis XIV développe une politique culturelle de pouvoir et de grandeur. C'est un nouveau goût pour un idéal de rigueur, de pureté et de simplicité. Au service de la gloire royale, les peintres séjournent à Rome. Ils y redécouvrent les valeurs esthétiques de l'Antiquité gréco-romaine.

● Un idéal esthétique

L'art classique français réagit contre les inventions du baroque. Les peintres bâtissent un art de la raison. Ils se tournent vers les grands modèles de l'Antiquité.

■ *Les thèmes mythologiques prédominent.* Les peintres choisissent des sujets antiques qui prônent les valeurs de noblesse, courage et probité.

■ *Le dessin prime sur la couleur.* Les peintres recherchent la perfection et la valeur des choses dans la précision des lignes et des contours. Le trait découpe fermement et sans équivoque les silhouettes.

■ *La composition est austère et architecturée.* Les artistes utilisent les règles de la perspective géométrique. Ils construisent la profondeur du tableau par plans successifs, étape par étape.

■ *Les attitudes sont figées.* Les personnages ressemblent à des acteurs de théâtre qui auraient arrêté de jouer et poseraient pour le peintre.

■ *Il y a un refus du dramatique et du théâtral.* L'artiste simplifie sa composition. Le peintre classique s'adresse à l'intelligence logique du spectateur. Il écarte le détail, l'anecdote et le sensationnel.

● Centralisme et académies royales

■ Au début du XVIIᵉ siècle, les artistes sont encore contraints de se regrouper et de travailler sous l'autorité des corporations d'artisans. Les peintres du roi et les artistes indépendants de la cour refusent cette tutelle séculaire. Pour les réunir et les protéger, Mazarin fonde en 1648 l'Académie royale de peinture et de sculpture. C'est une institution d'État qui enseigne et défend les valeurs de la tradition classique. Elle forme les jeunes artistes avec un certain décorum, leur apprend le « bon goût » pictural et les aide dans leur future carrière.

■ En 1666, Colbert fonde l'Académie de France à Rome. Elle accueille les jeunes artistes français et leur permet d'étudier sur place les grands modèles classiques.

● Les peintres au service des rois

■ Au cours de son apprentissage, le jeune peintre flamand Philippe de Champaigne (1602-1674) s'installe à Paris. Il rencontre Nicolas Poussin avec qui il partage des commandes. La gravité classique de sa peinture plaît à Louis XIII et au jeune Louis XIV. Il est peintre officiel de la cour et le peintre favori de Richelieu.

■ Charles Le Brun (1619-1690) est nommé en 1662 premier peintre du roi. Il préside à la fondation de l'Académie et à l'élaboration du style royal. Il codifie les règles du goût et règne sur la peinture de la cour. Plaidant pour un art de la raison qui s'adresse à l'intelligence avant de satisfaire le plaisir des yeux, il décore Versailles (galerie des Glaces), dirige de 1663 à 1690 la Manufacture nationale des Gobelins et organise les grandes fêtes royales.

LES FRANÇAIS À ROME

■▪ Deux peintres installés à Rome

Rome est la capitale des arts. On y trouve les vestiges de l'antiquité et les nombreux témoignages de la Renaissance. La Ville éternelle est aussi la ville du pape et des mécènes. Les peintres français y séjournent régulièrement. Ils y reçoivent leurs commandes, ils y travaillent et envoient ensuite leurs toiles à Paris.

Nicolas Poussin (1594-1665) s'exile à Rome après une brillante formation à Paris. Directement confronté aux maîtres de la Renaissance, il choisit de puiser son inspiration dans le culte de l'art antique. Il admire beaucoup la sculpture romaine, qu'il dessine et copie. Il cherche dans les motifs gréco-romains les clefs d'une beauté esthétique idéale : harmonie des corps, majesté des attitudes, équilibre de la composition. Il estime que dans l'art la raison domine la passion. Surnommé le « peintre philosophe », Nicolas Poussin étudie Virgile, Tite-Live et Plutarque.

Un autre peintre, Claude le Lorrain (1600-1682), réside en Italie. Influencé par la lumière naturelle de la campagne et des villes italiennes, il est le premier peintre de paysages français. Il est aussi célèbre par la production d'une longue série d'œuvres représentant un coucher de soleil sur un port.

■▪ L'inspiration du poète

Le tableau de Nicolas Poussin reprend un sujet mythologique qui s'adresse à la raison : le poète Virgile écrit un poème sous la dictée d'Apollon, dieu de la Poésie et de la Musique. Apollon demeure sur le mont Parnasse. Il porte une couronne de laurier et joue de la lyre. Drapé dans un long vêtement, il est accompagné par Calliope, la muse de la poésie épique. Les gestes de Calliope et d'Apollon font directement référence aux attitudes des personnages de la sculpture antique. Pour renforcer l'unité entre les personnages, Nicolas Poussin limite sa gamme de couleurs.

Poussin,
L'Inspiration
du poète, *v. 1630.*
Huile sur toile
(182 x 213 cm),
musée du Louvre,
Paris.

HISTOIRE

CATÉGORIES ET GENRES

ÉLÉMENTS PLASTIQUES

TECHNIQUES

LIRE UN TABLEAU

CONSERVER/EXPOSER

Le XVIIIe siècle français

Après la mort de Louis XIV, les conditions de vie à la cour changent. Les goûts se modifient. Les courtisans réclament plus de légèreté dans l'art. Les peintres évoquent la frivolité, l'insouciance et le plaisir des fêtes qui ponctuent la fin de l'Ancien Régime. Ils peignent aussi la vie quotidienne des riches bourgeois.

● Les fêtes galantes

La peinture des fêtes galantes exprime la douceur de vivre, la légèreté des choses et la beauté du temps qui passe. Elle se construit par étapes.

■ Tout d'abord, bien choisir son sujet : le peintre préfère un modèle élégamment habillé ou bien costumé en personnage de cirque, acteur, mendiant.

■ Dehors, dans la nature et « pris sur le vif », l'artiste fait un premier croquis du modèle. Cette étude lui rappellera plus tard les contours, les effets de lumière et les nuances de couleurs observés à l'extérieur.

■ Ensuite, dans l'atelier, le peintre retravaille le dessin des différents modèles observés dehors. Il dessine un paysage fictif et compose son action : un personnage individuel ou un groupe vu de loin. Les hommes jouent de la musique, les femmes dansent le menuet, se reposent, rêvent.

■ Une statue antique est placée à la lisière du décor. Elle fait référence à la mythologie. Antoine Watteau (1684-1721), peintre à la cour, représente le mieux les occupations de cette société idéale. Il est reçu à l'Académie royale de peinture et de sculpture avec la mention spéciale, créée pour lui : « peintre des fêtes galantes ».

● Le style rococo

■ Le rococo est le style artistique de la cour du XVIIIe siècle. Il tourne le dos à l'austérité du classicisme en célébrant la forme courbe et l'éclat des couleurs brillantes et dorées. Les peintres du rococo exaltent l'aimable compagnie des courtisans qui s'occupent futilement dans l'illusion des décors grandioses de Versailles.

■ C'est aussi un siècle de libertinage. Les tableaux érotiques plaisent au public. Nommé premier peintre du roi, François Boucher (1703-1770) exprime l'esprit rococo : il est le spécialiste de la peinture d'aventures amoureuses dont il évoque la frivolité. Ses peintures exaltent la douceur rose de la peau du corps de la femme. Simultanément, un artiste se libère des commandes du roi et de la cour : Jean-Honoré Fragonard (1732-1806). Il préfère les commandes privées. Peintre affranchi, il travaille avec beaucoup de liberté dans le geste.

● Les témoignages de la vie quotidienne

■ Parallèlement aux fastes de la vie courtisane de Versailles, la grande bourgeoisie de Paris et des villes de province cherche, elle aussi, à consacrer son image. L'art du portrait se développe. Quentin de La Tour (1704-1788) est un portraitiste admiré. Il met à la mode la technique du pastel.

■ Le public bourgeois refuse les sujets historiques ou religieux. Il affectionne la peinture de natures mortes et de scènes de genre. Souvent considéré comme le peintre de la bourgeoisie, Jean-Baptiste Chardin (1699-1779) excelle dans la représentation des attitudes de la vie quotidienne. C'est un grand peintre de natures mortes.

LA PEINTURE GALANTE

◤ Watteau

En France, après la rigueur et l'absolutisme du long règne de Louis XIV, le goût se libère peu à peu des anciennes directives de l'autorité royale. Les artistes de la Régence imaginent un paradis terrestre débarrassé des vicissitudes du quotidien. Ils s'attachent à la gaieté des plaisirs de l'aristocratie : la douceur des soirs d'été où les puissants de la cour récitent des poèmes et dansent en écoutant de la musique. La cour organise et « orchestre » des fêtes légères, frivoles et mondaines. Elles se déroulent pendant plusieurs jours dans les jardins.

Watteau, **Fêtes d'amour,** *1717.*
Huile sur toile (61 x 75 cm), Gemäldegalerie Alter Master, Dresde.

◤ Fragonard

En 1767, l'aristocrate Monsieur de Saint-Julien commande à Fragonard le portrait de sa maîtresse. Pour pimenter la scène, il lui demande de la représenter sur une balançoire (escarpolette) poussée par un évêque. Lui-même sera dessiné dans un buisson pour « voir les jambes de cette belle enfant et mieux même si vous voulez égayer votre tableau ».

***Fragonard,* Les Hasards heureux de l'escarpolette, 1767.**
Huile sur toile (81 x 65 cm), Wallace Collection, Londres.

HISTOIRE

CATÉGORIES ET GENRES

ÉLÉMENTS PLASTIQUES

TECHNIQUES

LIRE UN TABLEAU

CONSERVER/EXPOSER

La première moitié du XIXe siècle en Europe

Le foisonnement des idées issues de la Révolution française a des répercussions sur l'art. Trois mouvements naissent de ce rejet de l'académisme : le néo-classicisme, le romantisme et le réalisme.

● Le néo-classicisme

■ À la fin du XVIIIe siècle, la découverte des sites de Pompéi et d'Herculanum provoque un engouement pour l'Antiquité, qui s'étend à l'ensemble des arts. Les artistes se réfèrent aux modèles antiques pour exprimer un idéal éthique et esthétique.

■ Le néo-classicisme en revient aux caractères de clarté, de mesure, d'équilibre propres au classicisme, en s'inspirant directement de la statuaire gréco-romaine. Les peintres favorisent la ligne, la forme et l'élégance plutôt que la couleur, considérée comme secondaire. Les formes sculpturales, exemptes de tout sentiment passionnel et de désordre, se plient à une composition solidement structurée.

■ Le tableau *Le Serment des Horaces* peint par Jacques Louis David (1748-1825) est le manifeste de ce mouvement. Véritable chef d'école, David a exercé une influence notable sur tous les peintres qui se sont succédés dans son atelier : Ingres (1780-1867), Gros (1771-1835), Girodet-Trioson (1767-1824).

● Le romantisme

■ Le romantisme revendique l'individualité et s'oppose délibérément aux exigences de l'Académie (modèle antique, composition rigoureuse, genres majeurs) pour valoriser l'émotion, la passion, le fantastique (Caspar David Friedrich, 1774-1840).

■ Le peintre romantique s'enflamme pour des événements issus de l'actualité, qu'il met en scène comme des épopées héroïques, souvent pathétiques ; il n'hésite pas à décrire l'horreur des massacres en de vastes tableaux qui déclenchent les passions du public : *Le Radeau de la Méduse*, Géricault, (1819) ; *La Liberté guidant le peuple,* Delacroix, (1830) ; *El Tres de Mayo,* Goya, (1814)). Le peintre aborde avec la même fougue les sujets orientalistes à la mode, les combats de chevaux et les portraits (*Chopin* par Delacroix).

■ La hardiesse et la liberté de la touche, les contrastes d'ombre et de lumière, le jeu des complémentaires qui avive les couleurs, le tourbillonnement des groupes en courbes et contre-courbes (puisées chez Rubens) traduisent plastiquement une sensibilité exacerbée.

● Le réalisme

■ La première révolution industrielle crée une nouvelle classe sociale, celle des petites gens. Vers 1830, un groupe d'artistes, plus ou moins lié au socialisme naissant, désire offrir des images accessibles à tous. Les peintres puisent leur inspiration dans les classes populaires.

■ Millet (1814-1875), Courbet (1819-1877), Daumier (1808-1879) croquent sur le vif les métiers et les scènes de la vie quotidienne du peuple, avec respect, humour ou férocité. Les réalistes considèrent leur peinture comme un genre majeur dont le souci n'est pas l'élégance mais l'authenticité.

LE PEINTRE CRIE SON ÉMOTION

Goya, **El Tres de Mayo, 1814.**
Huile sur toile (268 x 347 cm), musée du Prado, Madrid.

Francisco de Goya

L'œuvre de Francisco de Goya (1746-1828) est une série de chefs-d'œuvre riche en contrastes. À la facture classique des cartons de tapisseries de ses débuts, il oppose une liberté de création et d'écriture fascinante, notamment dans les portraits de la haute société. L'artiste traduit de façon saisissante et sans égards pour les conventions la vie et la psychologie du modèle dont il révèle le caractère malgré les attitudes convention- nelles un peu raides (*La Famille de Charles IV,* par exemple). Goya manifeste la même indé- pendance dans les peintures d'histoire. Alors que ces dernières sont traditionnellement des œuvres de commande, Goya décide de « perpétuer au moyen du pinceau les actions ou scènes les plus héroïques de notre glorieuse insurrection contre le tyran de l'Eu- rope » (Napoléon).

Goya renouvelle la peinture d'histoire

Pour la première fois dans la peinture d'histoire, le héros qui va mourir est un anonyme. L'artiste exprime son émotion en touches nerveuses et en jets de couleur, dans un dessin hâtif et pas- sionné. À grands coups de pinceau, Goya dis- perse les flaques de sang et ouvre les yeux de la peur.

Goya,
El Tres de Mayo,
(Détail).

HISTOIRE

CATÉGORIES ET GENRES

ÉLÉMENTS PLASTIQUES

TECHNIQUES

LIRE UN TABLEAU

CONSERVER/EXPOSER

L'impressionnisme

Au cours de la seconde moitié du XIXᵉ siècle, l'impressionnisme révolutionne la peinture et annonce l'art moderne. En 1874, de jeunes peintres constitués en association exposent leurs toiles chez le photographe Nadar. Leurs audaces picturales et le choix de leurs sujets provoquent le scandale.

● Une nouvelle façon de peindre que rejettent l'Académie et le Salon

■ Dans la seconde moitié du XIXᵉ siècle, Édouard Manet (1832-1883) rompt avec les conventions picturales. Il compose des tableaux qui exploitent les qualités plastiques du motif et révolutionne l'art de peindre en refusant le modelé en clair-obscur. La lumière découpe brutalement le tableau, la couleur est posée en larges aplats, sans nuances qui symbolisent les formes. Le geste pictural est libre et direct. Manet, d'abord reçu au Salon (1861) avec mention, est refusé en 1863 avec *Le Déjeuner sur l'herbe*, jugé scandaleux.

■ Très admiré, Manet devient le chef de file de jeunes peintres qui refusent l'académisme : Monet, Renoir, Sisley, Bazille, Degas. Mais Manet, voulant garder son indépendance, ne se joindra pas à ses amis lors de leur première exposition à Paris en 1874 chez Nadar. C'est lors de cette exposition qu'un critique, se référant au tableau *Impression, soleil levant* de Monet (1872), les surnomme « impressionnistes ».

● Le peintre plante son chevalet à l'extérieur

■ Les premières lignes ferroviaires conduisent les artistes sur les bords de la Seine, de la Marne et en Normandie. Claude Monet (1840-1926), Pierre-Auguste Renoir (1841-1919) et Camille Pissarro (1830-1903) travaillent directement dans la nature, peignant en touches rapides et nerveuses la vie frémissante des berges et des villages. Les impressionnistes exaltent l'émotion de la sensation fugitive et de la précarité de l'instant.

■ Renoir, au cœur de Montmartre, compose ses toiles les plus célèbres dans lesquelles la lumière criblée par le feuillage tombe en « pluie » de petites touches claires sur les personnages (*Le Bal au moulin de la Galette*, 1876). Pissarro est le peintre des vues insolites, des paysages traversés par un chemin ou une route.

● La liberté des thèmes

■ Edgar Degas (1834-1917) reçoit une formation classique à l'école des Beaux-Arts de Paris puis se tourne vers l'impressionnisme, dont il apprécie la liberté des thèmes. Il puise son inspiration dans la vie de la capitale, s'attache aux ambiances de la lumière artificielle, au monde du théâtre et aux coulisses de l'Opéra. C'est aussi le peintre des blanchisseuses, des cafés, du petit peuple parisien et des champs de courses, qu'il fréquente et dessine d'un trait virtuose.

■ Berthe Morisot (1841-1895), après sa rencontre avec Manet en 1868, rejoint les impressionnistes. Son œuvre témoigne du bonheur tranquille de ses proches (*Le Berceau,* 1873).

■ Alfred Sisley (1839-1899), d'origine britannique, s'installe en France et rallie Monet et Renoir dès la première exposition chez Nadar. Sa peinture aux tons clairs exprime la douceur des campagnes tranquilles et silencieuses.

LA TOUCHE DEVIENT L'ÉCRITURE DU PEINTRE

Monet, **Coquelicots, 1873.** *Huile sur toile (50 x 65 cm), musée d'Orsay, Paris.*

Monet, Impression, soleil levant (détail), 1872.
Huile sur toile (47 x 64 cm), musée Marmottan, Paris.

▪️ L'écriture du peintre

La touche est la trace de l'outil (couteau, pinceau) sur le support, de la couleur posée directement au tube. Selon la quantité de peinture déposée en une seule fois, la touche est légère ou présente des empâtements plus ou moins épais. La touche, ou l'écriture de Monet, révèle et identifie l'artiste.
– Les formes rapides sont modulées par la couleur.
– La liberté de la touche, plus ou moins large, épaisse ou fluide, donne un aspect de « non-fini » de la surface picturale.
– Le jeu des contrastes colorés : le rouge des coquelicots s'attisant au contact du vert, sa complémentaire, est vibratoire.

HISTOIRE

CATÉGORIES ET GENRES

ÉLÉMENTS PLASTIQUES

TECHNIQUES

LIRE UN TABLEAU

CONSERVER/EXPOSER

En marge de l'impressionnisme

Dans le sillage de la révolution impressionniste, de nombreux artistes (isolés ou regroupés en mouvement) poursuivent la remise en cause des règles classiques de la peinture.

● Autour de Paul Gauguin : l'école de Pont-Aven et les Nabis

■ Pont-Aven est un village breton fréquenté par de jeunes peintres paysagistes qui apprécient le décor « primitif » de la Bretagne. Ils affirment le style du cloisonnisme : la couleur est posée en aplat, le dessin cerne les contours. En 1886, Paul Gauguin (1848-1903) y fait un premier séjour et s'impose comme le chef de file de ce mouvement. Les peintres de Pont-Aven admirent son intuition picturale. Au cours de ses voyages dans les îles du Pacifique, Paul Gauguin poursuit ses recherches sur le dessin primitif et sur la puissance de la couleur.

■ Les jeunes peintres de Pont-Aven redécouvrent la valeur de la couleur pure et la force expressive des arabesques décoratives. Paul Sérusier (1863-1927) est l'initiateur de ce groupe qui se retrouve à Paris. Il place Gauguin au rang de prophète et réalise une peinture manifeste, *Le Talisman* : un couvercle de boîte de cigares sur lequel il peint un paysage avec de violents aplats de couleurs. Le groupe se constitue avec les peintres Pierre Bonnard (1867-1947) et Édouard Jean Vuillard (1868-1940). Il prend le nom de Nabis (terme hébreu signifiant « prophètes »).

● Le néo-impressionnisme

Pour renouveler les recherches picturales sur la couleur, les peintres divisionnistes appliquent la récente théorie du mélange optique du chimiste Chevreul. Ils pulvérisent et « divisent » à l'extrême la touche picturale pour juxtaposer des points de couleur primaire. Vus de loin, ils se mélangent dans l'œil du spectateur qui aperçoit finalement les couleurs secondaires : par exemple, des points jaunes et des points rouges composent à distance une couleur orangée. Georges Seurat (1859-1891) crée le style néo-impressionniste avec Paul Signac (1863-1935) et Henri-Edmond Cross (1856-1910).

● Les individualités

■ Natif d'Albi, Henri de Toulouse-Lautrec (1864-1901) est un fils de l'aristocratie occitane. Malade des os, il est infirme et condamné à garder une taille d'enfant. Très bon dessinateur, il « monte » à Paris et rencontre Degas, qui l'initie à la vie parisienne. Toulouse-Lautrec fréquente les cabarets et les maisons closes de Montmartre. Influencé par son maître, il privilégie l'expressivité du dessin.

■ Hollandais d'origine, Vincent Van Gogh (1853-1890) décide de s'installer à Paris pour peindre. Il rencontre Gauguin et partage avec lui la passion pour les arts primitifs. Ils vont ensemble à Arles, à la rencontre de la « vraie » lumière solaire du Midi. Van Gogh dessine avec son pinceau et griffe avec ses doigts dans l'épaisseur de la peinture. Son œuvre exprime la tension d'un artiste qui, au comble du tourment, se suicide et meurt seul et méconnu.

FRAGMENTER LA FORME
ET MORCELER LA COULEUR

Cézanne*, Grandes Baigneuses, *1905.
Huile sur toile
(205 x 251 cm),
Museum of Art,
Philadelphie.

■ Cézanne

Loin du tourbillon de la vie parisienne, Paul Cézanne (1839-1906) travaille à Aix-en-Provence. Il expérimente un nouveau style pictural qui prépare la naissance du cubisme et de l'abstraction. Cézanne cherche à traduire les formes de la nature par un assemblage de formes géométriques claires et simples. Pour modeler le motif, il fragmente l'espace de son tableau avec des nuances de couleur qui créent la profondeur.

La composition en triangle des *Grandes Baigneuses* est renforcée par la courbure des arbres en arc d'ogive qui encadrent la scène. Cézanne installe une symétrie dans le dessin des deux groupes de baigneuses. Les contours sont soulignés par un trait noir ; les corps féminins sont « taillés », comme s'il s'agissait de sculpture antique. Pour faire ressortir les personnages, Cézanne fait contraster la couleur bleue et dense du paysage du fond avec les tonalités orangées et transparentes du corps des baigneuses.

Seurat*, Poseuse de profil, *1887.
Huile sur bois (25 x 16 cm),
musée d'Orsay, Paris.

■ Seurat

Seurat peint une multitude de petites taches colorées qui simplifient le dessin à l'extrême. Répartie sur toute la surface de la toile, cette trame de touches multicolores ignore les détails. La succession des petits coups de pinceau construit le modelé du corps et dessine la ligne des contours féminins.

HISTOIRE

CATÉGORIES ET GENRES

ÉLÉMENTS PLASTIQUES

TECHNIQUES

LIRE UN TABLEAU

CONSERVER/EXPOSER

L'expressionnisme

Au début du xxᵉ siècle, un mouvement né en Allemagne regroupe de fortes personnalités d'intellectuels qui renient la notion de beau supposée chère à la bourgeoisie. Les peintres usent d'un langage plastique suggestif ; ils gravent leur perception angoissée du monde dans la couleur autant que dans le trait.

Le reflet d'un monde en crise

■ Le début du xxᵉ siècle voit la constitution de groupes d'intellectuels allemands et autrichiens qui expriment leur angoisse et leur révolte face à l'imminence de la Première Guerre mondiale et à la montée des mouvements nationalistes en Europe. Les morts prématurées et la fin tragique de certains d'entre eux contribueront à leur réputation d'artistes « maudits » écartés de l'art officiel et persécutés par les nazis. On trouve dans ce mouvement le peintre belge James Ensor (1860-1949), Edvard Munch (1863-1944), artiste norvégien, le Français Georges Rouault (1871-1958) et Chaïm Soutine (1894-1943), réfugié lituanien.

Ensor, **L'Intrigue,** *1890.*

■ Les sujets variés abordés par Rouault, comme les clowns, les magistrats et les prostituées, sont autant de témoignages d'un existentialisme amer qui trouve une force d'expression dramatique dans la couleur sourde sertie de traits lourds (témoins d'un passé de verrier).

■ La quête de Soutine trouve un écho à sa propre fragilité dans les êtres les plus vulnérables de la société, dont il réalise des portraits graves et inquiets. La mort, toujours présente, habite les toiles d'Ensor, sous des masques colorés et des squelettes. Elle teinte de verdâtre les ombres de Ernst Kirchner (1880-1938) et la chair des corps torturés qu'Egon Schiele (1890-1918) livre au regard.

Un dessin déformant et fébrile

Les expressionnistes cultivent les déformations afin d'accentuer encore le pathétique et l'angoisse. Les lignes et les contours d'Edvard Munch, alourdis de noir, ondulent, s'aiguisent d'un trait incisif ; ils malmènent les corps de Schiele et d'Oskar Kokoschka (1886-1980) et provoquent une tension visuelle de la surface picturale.

Munch, **Le Cri,** *1895.*

Le choc des couleurs

La force émotionnelle du langage plastique des expressionnistes vient également du choix chromatique de leur palette. Les couleurs sont vives ou acides, parfois irréelles. Le pinceau rapide qui déstabilise ou sature l'espace de la toile (rouges somptueux de Soutine et orange acide d'Emil Nolde, 1867-1956) contribue à la sensation de choc et de violence.

DEUX GROUPES MAJEURS

Kirchner, **Portrait du groupe Die Brücke, *1925-1926.***
Huile sur toile (167 x 125 cm),
Wallraf-Richartz Museum,
Cologne.

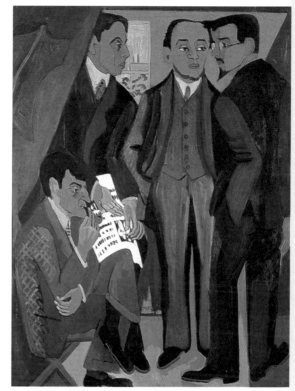

■■ Die Brücke (le Pont)

En 1905, de jeunes artistes allemands se regroupent à Dresde autour du peintre Ernst Kirchner et appellent leur mouvement contestataire *Die Brücke.* Ils utilisent un langage plastique brutal aux couleurs irréelles et violentes, déjà présent chez Van Gogh, Toulouse-Lautrec et Munch, et redécouvrent la force expressive de la gravure sur bois. Le groupe est dissous en 1911.

■■ Der Blaue Reiter (le Cavalier bleu)

À Munich, en 1911, un groupe de peintres, dont Kandinsky (1866-1944), travaille à mettre en relation la peinture et la musique contemporaine et publie le fruit de son travail sous la forme d'un almanach (*L'Almanach du Blaue Reiter,* 1912). Les artistes du groupe exaltent la recherche du spirituel dans l'art non figuratif. Ces réflexions théoriques aboutissent l'année suivante à la publication de *Du spirituel dans l'art,* de Kandinsky, ouvrage fondamental de l'histoire de l'art qui ouvre la porte à l'abstraction. La Première Guerre mondiale éclate et met fin au *Blaue Reiter.*

Kandinsky,
Étude pour l'Almanach du Cavalier bleu, *1911.*
Aquarelle (27,9 x 21,9 cm),
Staedt Galerie,
Munich.

HISTOIRE

CATÉGORIES ET GENRES

ÉLÉMENTS PLASTIQUES

TECHNIQUES

LIRE UN TABLEAU

CONSERVER/EXPOSER

Le fauvisme

Poursuivant les recherches chromatiques de la fin du XIXᵉ siècle, un groupe de jeunes peintres exalte la puissance de la couleur et radicalise l'usage des contrastes colorés. Pour porter la couleur à son paroxysme, les artistes travaillent dans la lumière des villages de Provence.

● Des couleurs pures

■ Henri Matisse (1869-1954), André Derain (1880-1954), Raoul Dufy (1877-1953) et Maurice de Vlaminck (1876-1958) rejettent l'académisme des maîtres officiels. Ils veulent libérer la couleur de la tutelle du dessin. Dans un article daté du 17 octobre 1905, le critique d'art Louis Vauxcelles qualifie de « fauves » ces artistes qui peignent avec « une orgie de tons purs ». Le terme va rester.

■ Pour créer de violents effets de contrastes, les fauves juxtaposent des couleurs très vives. Ils combinent des masses colorées lumineuses et éclatantes qui se répondent, s'affrontent et se repoussent de part et d'autre de la toile. La couleur s'émancipe, elle devient autonome. La forme est simplifiée, la couleur « coule » et déborde du dessin. Le spectateur est pris dans un tourbillon de sensations colorées.

● Les influences

■ Les peintres fauves s'inspirent des théories de la couleur (division des tons purs) de Paul Signac (1863-1935) et d'Henri-Edmond Cross (1856-1910). Ils agrandissent la touche néo-impressionniste pour peindre des petits carrés colorés qui transforment la surface de la toile en une vibrante mosaïque multicolore.

■ En 1901, une exposition Van Gogh à Paris influence aussi la jeune génération, qui découvre les effets de la couleur, griffée et tracée impulsivement.

■ Henri Matisse, le chef de file des fauves, étudie l'œuvre de Paul Gauguin. Il possède déjà depuis 1898 une peinture du maître de Tahiti, *Le Jeune Homme à la fleur*. Une grande exposition Gauguin est organisée en 1903 au Salon d'automne à Paris. À cette occasion, il redécouvre la puissance des larges aplats de couleur pure. Les couleurs s'étalent sans dégradés et sans nuances. Le contour des formes est tracé en bleu et en noir. Le choix de la teinte ne correspond plus à la réalité du modèle, les arbres sont bleus, les chevaux deviennent rouges.

● Les thèmes et les voyages

■ Maurice de Vlaminck apprécie la poésie des bords de la Seine. Il occupe avec Derain un atelier aux portes de Paris, à Chatou. Mais, très vite, la lumière du Midi illumine la peinture fauve. Henri Matisse est invité par Signac et Cross dans un petit village inconnu de Provence : Saint-Tropez. Il commence à peindre sur place une ébauche, *Luxe, Calme et Volupté*. Présentée au Salon des indépendants de 1905, cette toile est très admirée pour l'harmonie de ses couleurs.

■ Après 1908, chaque peintre reprend son autonomie, le mouvement des fauves disparaît. Henri Matisse poursuit ses expériences sur la force expressive de la couleur. En 1930, il visite la Polynésie et se confronte au « paradis » de Gauguin. À la fin de sa vie, il invente la technique des papiers découpés : « dessiner » avec des ciseaux qui taillent et sculptent directement dans des papiers de couleur.

LA COULEUR EXALTÉE

Les effets de matière

Dans le *Portrait de Mme Matisse à la raie verte*, Matisse peint avec beaucoup d'effets de matière. La touche est rapide et nerveuse. Le visage est vigoureusement taillé dans une couche de peinture épaisse, à la façon primitive de l'art nègre. Les contours sont tracés par des traits bleus et noirs. Les couleurs de l'arrière-plan sont organisées à la manière d'un décor rayonnant, par zones lumineuses successives qui encadrent la figure principale cloisonnée. Henri Matisse ne craint pas de faire brutalement jaillir la couleur verte sur l'arête lumineuse du visage. Il compose sa toile en disposant de violents effets de contrastes colorés, rouge et vert, orange et bleu.

Matisse, **Portrait de Mme Matisse à la raie verte,** *1905. Huile sur toile (40 x 32 cm), Statens Museum for Kunst, Copenhague.*

Derain, **Vue de Collioure,** *1905. Huile sur toile (60 x 73 cm), musée national d'Art moderne, Paris.*

Les effets colorés

Pendant l'été 1905, Derain et Matisse travaillent ensemble à Collioure, dans les Pyrénées-Orientales. Derain expérimente de nouveaux effets colorés. Il peint « des barques multicolores sous cette lumière méditerranéenne qui supprime les ombres ». La composition s'organise autour d'une ligne oblique qui coupe le tableau dans sa diagonale. La touche est large. On retrouve un effet de dessin cloisonné : les taches et les aplats de couleur dessinent de proche en proche la totalité de la toile, comme dans un vitrail.

HISTOIRE

CATÉGORIES ET GENRES

ÉLÉMENTS PLASTIQUES

TECHNIQUES

LIRE UN TABLEAU

CONSERVER/EXPOSER

Le cubisme

En 1908, les peintres cubistes révolutionnent l'art de peindre. Ils « explosent » les objets et les personnages, dont ils éparpillent ensuite les fragments sur toute la surface de la toile. Après 1912, ils expérimentent la technique du collage au service d'une représentation synthétique de l'objet.

● Les influences

■ Pablo Picasso (1881-1973), sous l'influence des « assemblages de formes géométriques » de l'œuvre de Paul Cézanne et du primitivisme de l'art nègre, peint le premier manifeste de la nouvelle peinture : *Les Demoiselles d'Avignon* (1907). Il détruit les systèmes classiques de la représentation (perspective, nuances et modelés) et interprète librement la nature. Les figures sont brutales, violentes et sauvages, comme taillées à la serpe. Georges Braque (1882-1963) le rejoint très vite dans cette expérience. Soutenus par de très riches collectionneurs (Daniel-Henry Kahnweiler), ils travaillent ensemble à la naissance du cubisme.

■ Le critique d'art Louis Vauxcelles donne (par dérision) le nom de cubistes à ces jeunes peintres dont les toiles semblent ne représenter que des volumes et des formes géométriques, des « bizarreries cubiques ».

● Le cubisme analytique

■ En 1910, les peintres cubistes radicalisent leur recherche. Ils brisent les objets et les représentent sous différents points de vue : ils sont comme analysés plastiquement. Les facettes géométriques sont ensuite dispersées à plat sur la toile pour recouvrir toute la surface plane du tableau. Le motif est ainsi fondu (intégré) dans son espace environnant. La forme prédomine sur la couleur. Elle est limitée à quelques teintes, ocre, bleu et vert.

■ Après 1911, des mots sont peints dans la texture des toiles cubistes. La lettre est par nature bidimensionnelle. Elle renforce la sensation de planéité du tableau. Pour le spectateur, les lettres peintes tracent des lignes (elles dessinent des formes) et/ou elles renvoient à un espace linguistique (elles disent des mots).

■ Fernand Léger (1881-1955) participe à la première exposition du mouvement cubiste, en 1911. Il s'en détache rapidement pour inventer une représentation qui recompose les objets sous la forme de cylindres et de tubes sur un fond uni.

● Le cubisme synthétique

En 1912, les cubistes expérimentent pour la première fois la technique du collage. Ils fixent sur la toile de nouveaux matériaux jusque-là inconnus dans la peinture : des papiers peints, des tissus, du faux bois, etc. Ils collent des formes et des textures qui évoquent des objets. Le peintre espagnol Juan Gris (1887-1927) ajoute des couleurs lumineuses aux tableaux cubistes, il colle des morceaux de miroir.

● Le futurisme

Des peintres italiens installés à Paris, Luigi Russolo (1885-1947) et Umberto Boccioni (1882-1916), créent en 1909 le mouvement futuriste. Parallèlement au cubisme, ils expérimentent les mêmes outils visuels pour célébrer le mouvement.

L'OBJET FRAGMENTÉ

◼ Le cubisme analytique

Le volume du motif est massif. Un système de facettes, de prismes et d'arêtes vives déconstruit la figure de l'objet. La forme et le fond (l'entour) sont imbriqués. Ils fabriquent une texture unie et régulière. Les peintres cubistes privilégient la composition. Braque simplifie avec beaucoup d'expressivité la bouteille. Le volume stable et massif semble s'ouvrir et se déployer sur le tableau.

Braque, **Nature morte
à la bouteille,** *1911.*
Huile sur toile (55 x 46 cm),
musée Picasso, Paris.

◼ Le cubisme synthétique

Les oppositions entre le papier blanc, le papier peint de couleur et le papier journal dessinent cette nature morte posée sur une table. Quelques lignes noires tracent le contour de la bouteille. À l'écriture de l'étiquette, « vieux marc », répond le texte imprimé, « le journal ». Un verre est posé sur la table, à gauche de la bouteille. En bas du tableau, un rectangle de papier peint (imitant un galon) évoque l'épaisseur du plateau de la table. Le papier peint est épinglé sur le support. Les traits de fusain construisent autour de la nature morte un rythme graphique qui encadre le sujet.

Picasso, **Bouteille de vieux marc,
verre et journal,** *1913.*
Fusain, papiers collés et épinglés
(63 x 49 cm), musée national
d'Art moderne, Paris.

L'abstraction

L'abstraction est une peinture qui refuse la copie et la figuration du monde extérieur. Libérée de l'imitation, la surface de la toile devient le sujet du tableau. Les formes et les couleurs se multiplient librement, l'espace s'étale dans tous les sens. L'artiste exprime ses sentiments et ses sensations, il traduit son paysage intérieur.

● Les fondateurs

■ Le peintre russe Wassily Kandinsky (1866-1944) signe en 1910 sa première œuvre abstraite : une aquarelle qui représente l'univers intérieur du peintre, sans relation avec les apparences du monde extérieur. « L'objet nuit à mon tableau », dit-il. C'est l'invention d'une nouvelle possibilité de peindre : « exprimer la nécessité intérieure ». Après 1921, il enseigne en Allemagne à la célèbre école d'art du Bauhaus les règles de la conception formelle (design) et de la peinture murale.

■ Paul Klee (1879-1940) est un artiste solitaire. Grand voyageur, il est influencé par les lumières de la Méditerranée. Il individualise un style d'abstraction coloré musical et poétique. « La couleur et moi ne faisons plus qu'un », écrit-il en 1914. Il s'installe au Bauhaus, où il enseigne le dessin et la couleur.

■ Avec la montée du nazisme, l'art abstrait est dénoncé comme décadent et dégénéré. L'école du Bauhaus est liquidée, les peintres sont poursuivis. Kandinsky se réfugie en France et Klee s'installe en Suisse.

● L'abstraction géométrique

■ L'abstraction géométrique est un langage radical qui cherche à accéder au degré absolu de la peinture : ne peindre que des formes géométriques élémentaires.

■ Le peintre français Robert Delaunay (1885-1941) invente l'espace chromatique, une abstraction qui s'appuie sur la couleur nuancée à l'extrême. Il peint des formes circulaires concentriques qui créent une sensation de « dynamisme rotatif ».

■ Les théories du néo-plasticisme, élaborées après 1917 par le Hollandais Piet Mondrian (1872-1944) et les peintres de la revue hollandaise *De Stijl* (« le style »), manifestent l'usage strict de la ligne droite, tracée à l'horizontale et à la verticale, et l'utilisation exclusive des trois couleurs primaires (jaune, rouge et bleu) et des trois non-couleurs (noir, blanc, gris). Posées en aplats réguliers, elles remplissent des surfaces carrées ou rectangulaires qui découpent et composent le format du tableau.

■ Après 1915, le peintre russe Kazimir Malevitch (1878-1935) invente le suprématisme. Influencé par les courants de pensée de la Révolution russe, les suprématistes prônent une peinture universelle : une abstraction complète qui n'utilise que des structures pures, abstraites et géométriques. Il peint en 1918 l'ultime expérience de l'abstraction géométrique du début du siècle, le célèbre *Carré blanc sur fond blanc*.

● L'abstraction lyrique

Après la Seconde Guerre mondiale, Hans Hartung (1904-1989), Georges Mathieu (né en 1921) et Pierre Soulages (né en 1919) expriment leur subjectivité. Leur peinture est spontanée, directe et automatique. Sous la double influence de la calligraphie extrême-orientale et de l'automatisme des surréalistes, ils privilégient l'expressivité de la couleur, de la ligne et du geste.

LE LYRISME ET LA GÉOMÉTRIE

Kandinsky, **Aquarelle abstraite, *1910.***
Huile sur toile (50 x 65 cm),
musée national d'Art moderne, Paris.

◼️ Le premier tableau abstrait

« Le premier, j'ai rompu avec la tradition de peindre les objets qui existent. J'ai fondé la peinture abstraite », écrit Kandinsky. Cette aquarelle entièrement abstraite est datée de 1910. Kandinsky utilise de l'encre de Chine sur un papier de grand format. Il agence sur la surface blanche des touches de couleur ponctuées par quelques traits vifs à l'encre de Chine noire. La référence au réel a disparu de l'image.

Mondrian, **Composition II, *1937.***
Huile sur toile (75 x 60,5 cm),
musée national d'Art moderne, Paris.

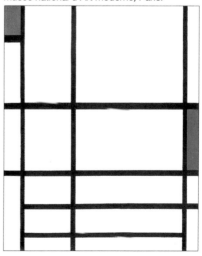

◼️ Un tableau « centrifuge »

Piet Mondrian (1872-1944) dessine ici un quadrillage qui souligne la planéité de l'image. Deux petits rectangles (bleu et rouge : couleurs primaires) sont répartis latéralement de part et d'autre de cette grille orthogonale. Ils expriment le dynamisme et la sensation d'expansion de la toile.

HISTOIRE

CATÉGORIES ET GENRES

ÉLÉMENTS PLASTIQUES

TECHNIQUES

LIRE UN TABLEAU

CONSERVER/EXPOSER

Dada et le surréalisme

Le mouvement Dada et le surréalisme sont deux expériences artistiques totales : littérature, poésie, peinture. Elles contestent et remettent en cause les valeurs traditionnelles de l'art : Dada est un cri de révolte contre l'ordre bourgeois, le surréalisme conteste les conventions esthétiques.

Dada (1915-1923) et la guerre de 1914-1918

■ En 1915, de jeunes artistes européens pacifistes se retrouvent dans un pays neutre, la Suisse, à Zurich, autour de Tristan Tzara (1896-1963) et de Hans Arp (1887-1966). Ils se regroupent et fondent le mouvement Dada (nom trouvé en ouvrant par hasard un dictionnaire). Dans un esprit de dérision absolue, les peintres dadaïstes adoptent un principe général de révolte et de provocation artistique. Il faut détruire le savoir-faire traditionnel du peintre et briser les conventions de l'ordre artistique bourgeois : laisser faire le hasard dans la création artistique, introduire sur la toile des matériaux sans valeur, des détritus, peindre par dérision sur des supports de rencontre (planches de bois, cartons, etc.).

■ Cette attitude contestataire et nihiliste se répand dans les grandes villes d'Allemagne : Berlin et Cologne avec Max Ernst (1891-1976), Hanovre avec Kurt Schwitters (1887-1948), célèbre pour l'authenticité de ces peintures-assemblages d'« objets de rencontre » récupérés ici et là (papiers, tickets, cartons, etc.).

Dada à New York

■ Simultanément, aux États-Unis, un art contestataire en réaction contre les traditions et les conformismes voit le jour. Il multiplie les expériences et les inventions ludiques.

■ Marcel Duchamp (1887-1968) invente la technique des *ready-made* : l'artiste transforme par sa seule décision mentale un objet quotidien en objet d'art. L'attention esthétique ne s'occupe alors que de l'idée de l'artiste et non plus de l'habileté de son savoir-faire technique.

■ Refusant les gestes et les outils de la peinture, Francis Picabia (1879-1953) imbrique des objets réels à la surface de ses tableaux. Man Ray (1890-1976) expérimente les associations et les passages de la photographie à la peinture.

Le surréalisme (1924-1969)

En France, à la suite du mouvement Dada, les artistes surréalistes renouvellent les codes esthétiques. Influencés par la psychanalyse et les travaux de Sigmund Freud, ils revendiquent en 1924, dans le premier *Manifeste du surréalisme,* le rôle de l'inconscient dans la sensation esthétique, lequel dicte des montages et des combinaisons de signes que le peintre traduit sur la toile. L'automatisme et le hasard guident les gestes qui créent librement en l'absence de tout contrôle exercé par la raison et en dehors de toute préoccupation esthétique ou morale. Les dessins collectifs et les photomontages font leur apparition. Les peintres surréalistes provoquent des rencontres inattendues, figures imaginaires des songes et jeux d'esprit. Le mouvement surréaliste utilise plusieurs procédés visuels, la figuration de René Magritte (1898-1967) qui compose des visions oniriques ou l'abstraction gestuelle d'André Masson (1896-1987) qui met en scène la spontanéité et l'automatisme de l'action.

L'EXPÉRIENCE DU RÊVE ET DU MERVEILLEUX

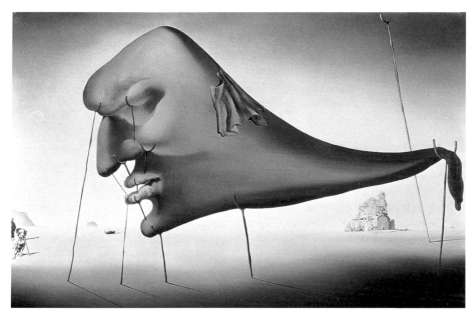

Dali, **Le Sommeil,** *1937.*
Huile sur toile (51 x 78 cm),
musée Boymans, Rotterdam.

◥ Les images oniriques de Salvador Dali

La peinture surréaliste s'inspire du rêve et reconstitue les objets et les personnages vus dans le sommeil. André Breton, le fondateur du mouvement surréaliste, préconise « la résolution future de ces deux états en apparence si contradictoires que sont le rêve et la réalité, en une sorte de réalité absolue, de surréalité si l'on peut ainsi dire ». Salvador Dali (1904-1989) explore le fonctionnement symbolique des images oniriques : obsessions multiples qui peuplent des paysages marins, représentations hallucinatoires d'éléments mous et figurations animales rudimentaires.

◥ La peinture de Joan Miró

L'espace infini de la peinture de Joan Miró (1893-1983) compose des paysages irrationnels et fantastiques. Les contours découpés de façon précise donnent l'aspect d'un dessin en fil de fer à cette peinture libre et spontanée. Un grand taureau occupe le centre de la toile, entre un cheval blessé, à gauche, et un petit matador, à droite.

Miró, **La Course de taureaux,** *1945.*
Huile sur toile (114 x 144 cm),
musée national d'Art moderne, Paris.

HISTOIRE

CATÉGORIES ET GENRES

ÉLÉMENTS PLASTIQUES

TECHNIQUES

LIRE UN TABLEAU

CONSERVER/EXPOSER

L'art contemporain aux États-Unis

Après la Seconde Guerre mondiale, les peintres américains s'affranchissent de la tradition européenne. Ils expérimentent des matériaux modernes et affirment l'importance du geste.

● L'expressionnisme abstrait *(abstract expressionism)*

■ *Action painting* (peinture gestuelle). Sous l'influence de l'art sauvage prôné par les artistes surréalistes (Ernst, Breton, Masson, etc.) venus se réfugier en Amérique pendant la Seconde Guerre mondiale, les jeunes peintres américains développent un nouveau style qui transforme la peinture européenne alors dominante aux États-Unis.

■ Jackson Pollock (1912-1956) et Willem De Kooning (1904-1997) privilégient la spontanéité de l'action dans l'espace du tableau. Le sujet se transforme, le spectateur ne regarde plus un paysage, un portrait, etc., il contemple l'expressivité des formes picturales tracées par les gestes du peintre.

● Les peintres des champs colorés *(color field painters)*

Les artistes déploient de larges espaces colorés qui envahissent le tableau. Mark Rothko (1903-1970), Barnett Newman (1905-1970) et Ad Reinhardt (1913-1967) construisent des toiles abstraites où la couleur est posée pour elle-même en de très larges aplats. Elle crée une sensation colorée qui occupe toute la surface de la toile.

● L'art populaire *(pop art)*

■ Au début des années 50, les précurseurs du *pop art* américain réalisent des œuvres qui combinent différentes techniques artistiques : la peinture, le collage de photos, l'assemblage d'objets. Jaspers Johns (né en 1930) et Robert Rauschenberg (1925-2008) sont les artistes les plus représentatifs de ce courant.

■ Le *pop art* se développe aux États-Unis dans les années 50-60, où il est adopté par les artistes qui réagissent contre la société de consommation dont ils dénoncent les mécanismes culturels. Le *pop art* critique la symbolique du monde moderne et des médias. Les peintres détournent les moyens d'expression de la culture de masse dominante. Andy Warhol (1928-1987) et Roy Lichtenstein (1923-1997) utilisent les moyens techniques de reproduction de l'image : sérigraphie, photographie. Les sujets sont puisés dans la banalité de la vie quotidienne.

Warhol, **Marilyn turquoise**, *1964.*
Sérigraphie et acrylique sur toile
(101,6 x 101,2 cm),
collection Stefan T. Eblis.

● L'art minimal *(minimal art)*

Dans les années 60, les artistes minimalistes se tournent vers une simplification extrême des moyens picturaux. Frank Stella (né en 1936) nuance souvent une seule et même couleur et décline des formes géométriques selon sa formule : «Tout ce qui est à voir est ce que vous voyez.»

LA PEINTURE « ALL OVER »
ET LA TECHNIQUE DU « DRIPPING »

Jackson Pollock ne peint pas devant une toile fixée verticalement sur un chevalet. Il circule librement sur et autour de sa toile. À l'occasion, il met un pied à l'intérieur. Comme un paysage vu d'avion, l'image n'a plus ni bas ni haut, ni droite ni gauche.

La toile, de très grand format, n'est pas montée et tendue sur un châssis, elle sort directement du rouleau. Sans être encore ni découpée ni préparée par un enduit, elle est posée horizontalement sur le sol de l'atelier.

La peinture est très fluide. Pollock invente la technique du *dripping* (« égouttage ») : il projette la peinture sur la toile avec de gros pinceaux, des manches en bois, des truelles, etc. Ses mouvements et ses gestes sont automatiques. Ses outils ne touchent pas la surface de la toile.

Les projections de peinture construisent un réseau de lignes. Les arabesques sont réparties partout de la même façon *(all over)*.

HISTOIRE

CATÉGORIES ET GENRES

ÉLÉMENTS PLASTIQUES

TECHNIQUES

LIRE UN TABLEAU

CONSERVER/EXPOSER

L'art contemporain en Europe

Les artistes européens de l'après-guerre évoluent dans des mouvements d'avant-garde. Ils imaginent de nouveaux moyens pour exprimer une image poétique du monde moderne.

● Le mouvement Cobra (1948-1951)

Le mouvement Cobra se constitue à Paris autour du peintre danois Asger Jorn (1914-1973), du peintre hollandais Karel Appel (1921-2006) et du peintre belge Pierre Alechinsky (né en 1927). Le nom du mouvement vient de la contraction de COpenhague, BRuxelles et Amsterdam, qui sont les capitales des pays dont les principaux artistes sont originaires. Les activités de Cobra sont proches du surréalisme : automatisme, abandon de la raison raisonnante et libre action de l'inconscient. Les artistes font preuve d'un non-conformisme affiché : goût du spontané et du collectif (tableaux réalisés à plusieurs), refus des règles strictes de l'abstraction géométrique et de l'art figuratif trop étroit. Ils donnent une large place au rêve ainsi qu'au fantastique et au merveilleux puisés dans les arts et traditions populaires scandinaves.

● L'art informel

Plutôt qu'une école, l'art informel regroupe les tendances d'une pratique picturale qui affiche l'expressivité des matériaux (matériologie) et l'éloquence des gestes spontanés de l'artiste sur le support. Les peintres matiéristes remettent en cause les techniques traditionnelles en pratiquant une peinture opaque dont ils travaillent la matière dans l'épaisseur : les toiles sont triturées, griffées et incisées. Ils mélangent de la corde, du cuir et des tissus agglomérés qu'ils collent à même le support. Ils peignent avec du goudron, du plâtre, du marbre pilé mélangé à de la colle. Proches de l'abstraction lyrique, ils refusent une figuration trop explicite. Antoni Tàpies (né en 1923), Jean Fautrier (1898-1964) et Jean Dubuffet (1901-1985) fabriquent de fertiles « texturologies ». Ils mélangent des matériaux insolites et associent différentes techniques (huile, gouache).

● Les nouveaux réalistes (1960-1963) : l'aventure de l'objet

■ En avril 1960, des artistes peintres et sculpteurs regroupés en France par le critique d'art Pierre Restany signent le *Manifeste du nouveau réalisme*. Les artistes questionnent alors l'environnement culturel et social de l'Europe de la fin des années 50. Luttant contre les idées reçues, ils révolutionnent le tableau peint sur une surface à deux dimensions. Ils collectionnent et détournent des objets qu'ils assemblent sur la toile. Art urbain, cette appropriation du réel souligne l'industrialisation du monde (objet en rapport avec la société de consommation).

■ Yves Klein (1928-1962) peint des tableaux d'une seule couleur, ce sont les peintures monochromes « zones de sensibilité pure » et d'« imprégnation universelle par la couleur ». Raymond Hains (1926-2005) et Jacques Mahé de la Villeglé (né en 1926) s'emparent des affiches déchirées qu'ils trouvent sur les murs des rues et les exposent comme le témoignage d'une réalité sociale.

LES LIMITES DE LA PEINTURE

◼️ Les grands formats d'Olivier Debré

« J'aime la lumière du soir. C'est cette lumière qui m'aide à décider d'une couleur. » Chef d'atelier à l'école des Beaux-Arts de Paris (peinture et art mural), Olivier Debré (1920-1999) utilise des toiles de très grandes dimensions. La monumentalité de ces formats agit directement sur l'espace émotif du spectateur. « Peintre de la réalité », il déploie dans ses grands paysages colorés des sensations physiques et charnelles. Il mêle sur l'espace de sa toile l'épaisseur granuleuse de la matière picturale et la transparence lissée de la couleur.

◼️ Karel Appel, un peintre Cobra

L'artiste collecte, collectionne et recycle des matériaux qu'il transforme en œuvres d'art. Il combine des objets et éléments naturels trouvés au hasard (bois, pierre, paille, etc.). Son expressionnisme sauvage organise des tableaux qui construisent des assemblages hétéroclites. Il

les agence sur un support et les associe avec les couleurs de la peinture. Effigie frontale grossièrement taillée, chaque production devient un tout « organique » que nous appréhendons comme un objet unitaire. Cette peinture évoque en trois dimensions les personnages d'un théâtre imaginaire et fabuleux.

Qu'il ébauche des signes ou des dessins proches de l'art enfantin, Appel élabore de nouvelles valeurs picturales. Il s'inspire des traditions populaires et de la vitalité des arts primitifs. La simplicité naturelle de la couleur et la puissance du geste pictural témoignent du jeu instinctif de l'artiste.

Debré, **Composition bleue (Bleu le soir à Royan),** *1965.*
Huile sur toile (189 x 194 cm), musée de Grenoble.

Appel, **Enfants interrogeant,** *1948.*
Reliefs de bois cloutés sur panneau de bois peint à l'huile (85 x 56 cm), musée national d'Art moderne, Paris.

HISTOIRE

CATÉGORIES ET GENRES

ÉLÉMENTS PLASTIQUES

TECHNIQUES

LIRE UN TABLEAU

CONSERVER/EXPOSER

La peinture d'histoire

Jusqu'au XIXᵉ siècle, la peinture d'histoire est la peinture par excellence. Le peintre de sujets historiques traduit la grandeur de la royauté, de l'empire ou de la république. Il glorifie les faits et les gestes les plus nobles. Il compose de grandes actions humaines et offre aux spectateurs de brillants sujets dignes d'intérêt.

Héroïsme et batailles

La peinture d'histoire existe depuis l'Antiquité égyptienne. Les pharaons guerriers font régulièrement décorer les temples et les pyramides avec des fresques et des bas-reliefs qui retracent leurs batailles et leurs victoires sur les ennemis.

Durant l'Antiquité gréco-romaine, les demeures des riches familles sont ornées par de grandes fresques historiques. À Pompéi, l'exemple le plus célèbre est le vestige de la mosaïque retraçant *La Bataille d'Alexandre le Grand contre les Perses*. Elle représente Alexandre debout sur son char de combat, livrant bataille et dirigeant ses troupes.

À Rome, les empereurs exposent leurs exploits sur les bas-reliefs des arcs de triomphe et des colonnes commémoratives (colonne Trajane).

La mise en scène de l'histoire

À la fin du Moyen Âge, les principaux événements religieux (Ancien et Nouveau Testament) sont inclus dans la peinture d'histoire. L'enluminure retrace les scènes de la vie du Christ et les batailles livrées par les seigneurs aux Croisades. À la Renaissance, la mythologie devient à son tour un sujet historique.

Rembrandt (1606-1669), Vélasquez (1599-1660) et Rubens (1577-1640) sont les grands maîtres de la peinture d'histoire. Pour décorer les palais et les demeures royales, ils décrivent les grands épisodes de l'histoire du siècle. À Paris, Rubens réalise une série de grands tableaux, *Scènes de la vie de Marie de Médicis*, commande royale pour décorer le palais du Luxembourg et vanter les mérites de la reine.

Pour les peintres de l'Académie royale, la peinture d'histoire, qu'ils appellent « la grande manière », est classée comme le premier des « grands genres ». Les peintres d'histoire sont nommés premiers peintres du roi.

La grandeur et la gloire

Jacques Louis David (1748-1825) et Antoine Gros (1771-1835) perpétuent la tradition des grands tableaux héroïques. Au service de l'empereur Napoléon Iᵉʳ, ils glorifient les campagnes des troupes françaises dans toute l'Europe.

Après le rétablissement des Bourbons, Eugène Delacroix (1798-1863) s'inspire des mouvements de révolte parisiens pour peindre *La Liberté guidant le peuple* (1830). Il exalte le courage du peuple des barricades qui lutte pour sa survie.

Le 26 avril 1937, après le bombardement du village de Guernica par les avions allemands de la légion Condor, Picasso, bouleversé, dénonce les horreurs de la guerre d'Espagne. Il peint en quelques jours *Guernica*, considérée comme la plus grande peinture d'histoire du XXᵉ siècle.

LA RÉVOLUTION ET L'EMPIRE : JACQUES LOUIS DAVID

▪ Marie-Antoinette

Le 16 octobre 1793, David, qui n'aime pas « l'Autrichienne », assiste aux préparatifs de l'exécution de Marie-Antoinette. Il fait rapidement ce croquis de la reine. Le contour du visage est tracé de profil, pris sur le vif, d'un dessin sec et nerveux, sans ratures. David s'attache aux traits du visage ; les vêtements sont esquissés plus rapidement. Condamnée à mort, la reine est en chemise et en bonnet. Âgée de trente-huit ans, elle a les cheveux blancs. Au terme de sa vie, devant la guillotine, les mains ligotées dans le dos, elle affiche encore une mine hautaine et sévère.

David, **Marie-Antoinette allant à l'échafaud**, *1793.*
Dessin, musée du Louvre, Paris.

▪ Bonaparte

Pendant la guerre de reconquête des provinces du Piémont et de la Lombardie, Bonaparte, alors Premier consul, franchit les Alpes avec son armée au col du Grand-Saint-Bernard, le 21 mai 1800.

Séduit par la personnalité et la grandeur de Bonarparte, David peint l'image d'un héros classique qui monte vers la gloire, se tourne vers le spectateur et montre du doigt la direction à suivre : la route vers un avenir meilleur. Le décor est grandiose, l'orage menace, la tunique et les drapeaux volent au vent, le cheval se cabre.

Aux pieds du Premier consul, David grave sur les rochers le nom des illustres conquérants qui ont réussi à traverser les Alpes : Hannibal, Charlemagne et… Bonaparte !

David, **Bonaparte franchissant le Grand-Saint-Bernard**, *1801.*
Huile sur toile (272 x 232 cm), Château de la Malmaison.

HISTOIRE

CATÉGORIES ET GENRES

ÉLÉMENTS PLASTIQUES

TECHNIQUES

LIRE UN TABLEAU

CONSERVER/EXPOSER

Mythologie et allégories

À la fin du Moyen Âge, les cours européennes redécouvrent l'art de vivre de l'Antiquité. Les artistes s'inspirent des témoignages de l'art gréco-romain. La peinture mythologique se développe au service de l'apparat, de l'éclat et du luxe des habitations aristocratiques et royales. Elle célèbre le plaisir des puissants.

Le goût pour l'antique

▬ Après le XIVe siècle, les grandes familles italiennes se passionnent pour faire renaître le prestige et la gloire de l'ancienne Rome. Les artistes cultivent avec ferveur le retour à un ordre antique idéal, dans lequel règne l'harmonie entre l'homme et la nature. La mythologie des Grecs et des Romains est, pour eux, le témoignage d'une vérité sensible et profonde.

▬ Au cours de ses nombreuses campagnes militaires en Italie, François Ier découvre l'esprit de la Renaissance. Il invite des artistes italiens à venir travailler en France. Installés au château de Fontainebleau, les peintres et les sculpteurs importent à la cour le goût pour les sujets mythologiques et le culte de l'Antiquité.

▬ Aux XVIIe et XVIIIe siècles, le sujet mythologique est très apprécié. L'imaginaire antique est un art puissamment narratif. Il expose la fabuleuse aventure des dieux et il retrace les difficultés des relations entre l'homme et l'Olympe. Ces thèmes éveillent la volupté et le plaisir, ils affranchissent les peintres et le public des rudesses de la vie quotidienne.

La recherche d'un idéal

Les peintres s'inspirent des formes et des attitudes aperçues dans les bas-reliefs, les sarcophages et les statues gréco-romaines. Ils séjournent à Pompéi où ils recopient les dessins conservés sur les murs des villas. Ils étudient les arabesques des lignes héritées des vases grecs et ils déchiffrent les canons de la beauté et le rendu de la sensualité des corps. Le sujet mythologique offre beaucoup de liberté dans la représentation de grandes compositions : profusion des personnages et vitalité joyeuse des expressions.

La figure allégorique

L'allégorie est un procédé de personnification d'une idée morale, philosophique, religieuse, etc. Le peintre dispose d'une grande liberté formelle pour composer des sujets spirituels. Il peut mélanger des héros mythologiques et des figures allégoriques. Rubens représente la Paix sous les traits d'une nourrice qui donne le sein à des enfants, la Guerre sous les traits du dieu Mars. Pour Delacroix, la Liberté est une femme qui se dresse sur une barricade, la chemise déchirée, un drapeau à la main.

Delacroix, La Liberté guidant le peuple, *1830. Huile sur toile (260 x 325 cm), musée du Louvre, Paris.*

VÉNUS ET L'AMOUR

Botticelli,
Naissance de
Vénus, 1485.
Détrempe sur toile
(172,5 x 178,5 cm),
musée des Offices,
Florence.

■ Le mythe de Vénus

Vénus est la déesse romaine de l'Amour, assimilée à l'Aphrodite grecque. Déesse de la Fertilité et de l'Amour, elle est née de l'écume de la mer.

■ L'idylle de Vénus et d'Anchise

Vénus est mariée à Vulcain, le dieu du Feu et des Forges. Mais elle tombe amoureuse du guerrier troyen Anchise et trompe son mari. De cette brève union naît le fondateur légendaire du peuple romain : Énée. Vénus protège son fils. Elle l'aide à sortir de la ville de Troie en flammes et lui donne les armes de la victoire forgées par Vulcain.

■ La naissance de Vénus

Vénus est représentée accompagnée par les trois Grâces. Ses attributs sont la colombe, symbole de l'amour, et la coquille Saint-Jacques, qui indique sa naissance maritime.

Elle donne souvent aux peintres le prétexte à la simple représentation du nu féminin. Botticelli met en scène l'image de la Vénus *pudica* : le bras gauche légèrement recourbé, la main couvrant le pubis, l'autre bras couvrant les seins. La nudité de Vénus est le symbole de la pureté et de l'innocence.

Boucher, Vulcain présentant à
Vénus des armes pour Énée, 1757.
Huile sur toile (320 x 320 cm),
musée du Louvre, Paris.

HISTOIRE

CATÉGORIES ET GENRES

ÉLÉMENTS PLASTIQUES

TECHNIQUES

LIRE UN TABLEAU

CONSERVER/EXPOSER

La peinture religieuse

Les sujets religieux et les scènes bibliques prédominent dans la peinture jusqu'à la fin de la Renaissance. La peinture illustre la foi et évoque la présence divine. Les artistes qui travaillent au service des ordres religieux utilisent différents supports au cours des époques : retable, vitrail, icône.

Le retable, un tableau d'autel

Le retable est un tableau, un panneau peint ou la décoration d'architecture placée au fond de l'autel, face à l'officiant et aux fidèles. À l'origine, il est constitué par une simple peinture rectangulaire sur bois, installée verticalement derrière l'autel. Son principe décoratif se développe progressivement. Il est peint des deux côtés, puis fragmenté par des petits registres qui compartimentent sa surface. Il repose sur une prédelle, avec des volets latéraux, des arcs gothiques ou des stucs baroques. Il a une vocation décorative mais aussi éducative : il montre l'image de Dieu, représente les personnages saints et raconte les scènes de la Bible.

Le vitrail

À la fin du Moyen Âge, la religion sort de l'ombre des monastères et s'ouvre sur le monde. Avec les progrès de l'arc gothique, les murs des cathédrales n'ont plus besoin d'être aveugles, épais et compacts pour soutenir la voûte des édifices. Dans l'architecture religieuse, le nouveau clergé et les croyants recherchent l'éclat et la brillance. Les bâtisseurs percent la paroi avec de grandes ouvertures. Le vitrail occupe cet espace, illuminant l'intérieur des cathédrales. Il est la peinture de la lumière et de la transparence qui attire le regard des fidèles.

Les maîtres verriers travaillent dans toute l'Europe à la fabrication de pâtes colorées. Dans leurs ateliers, les artistes découpent et fragmentent les figures. Ils construisent leurs tableaux avec différents « morceaux » de couleur. Ces aplats colorés sont disposés côte à côte, cloisonnés par un mince filet de plomb qui les emprisonne et solidifie l'ensemble.

L'icône

Provenant du grec *eikôn*, « image », le mot icône désigne la peinture religieuse de l'art byzantin et orthodoxe. L'icône est généralement peinte sur un panneau en bois portatif. Elle représente le Christ, la Vierge Marie, les apôtres et les saints majeurs. Dans la tradition du christianisme oriental, les icônes jouent un rôle sacré : elles expriment une vérité révélée par Dieu et sont vénérées comme les authentiques portraits des saints qu'elles évoquent. Elles protègent et sont bienfaitrices.

En réaction contre cette idolâtrie, un édit de l'empereur Léon III de Byzance, en 730, ordonne la destruction de toutes les icônes. Ce sont les iconoclastes (briseurs d'images) qui vont détruire presque toutes les images de la première période de l'icône. Le culte de l'image est rétabli en 843. Le style se répand alors dans l'Europe slave et s'installe dans la Russie orthodoxe avec l'école de Moscou, qui perpétue encore aujourd'hui cette tradition.

Primitivement réalisées avec la technique de l'encaustique (couleurs délayées dans de la cire chaude), les icônes sont ensuite peintes avec des pigments à l'eau et rehaussées d'une mince feuille d'or ou d'argent.

L'ÉCOLE D'AVIGNON

■ Avignon, capitale de la chrétienté au XIVᵉ siècle

Au début du XIVᵉ siècle, la ville de Rome traverse une période trouble. De 1326 à 1367, les papes quittent l'Italie et s'installent en Avignon. Ils décident de transformer cette cité provençale en une prestigieuse capitale digne du pouvoir et de l'autorité de la chrétienté. La cour pontificale invite les intellectuels et les artistes. Le peintre siennois Simone Martini (v. 1284-1344) travaille au service du pape. Au siècle suivant, après le retour des papes à Rome, la ville d'Avignon garde son prestige. Les artistes sont attirés par le centre artistique qui s'y est développé. Les peintres venus d'Italie et d'Europe du Nord travaillent ensemble à la décoration des bâtiments religieux. Ils créent un style pictural simple et puissant : la composition est stricte, les volumes sont simplifiés, la lumière découpe fermement la silhouette des personnages.

■ La *Pietà*

Enguerrand Quarton (connu de 1444 à 1466) peint pour la chartreuse de Villeneuve-lès-Avignon un sujet propre à la peinture religieuse du début de la Renaissance : une *Pietà* (mot italien signifiant « pitié ») où le corps du Christ est étendu sur les genoux de la Vierge. Elle est entourée de saint Jean et de Marie-Madeleine. Le volume sculptural des figures se détache sur le fond d'or du paysage. On peut lire sur la toile : « Ô vous tous qui passez par ce chemin, regardez et voyez s'il est douleur pareille à la mienne. »

Le donateur du tableau (un chanoine portant l'habit) est agenouillé dans le coin à gauche. Le donateur est celui qui commande et qui paye le tableau religieux. La tradition accepte que ce généreux commanditaire (seigneur, bourgeois ou ecclésiastique) soit présent comme « spectateur priant » sur le côté de la scène biblique.

Enguerrand Quarton, **Pietà de Villeneuve-lès-Avignon,** *vers 1455.* Huile sur bois (163 x 218,5 cm), musée du Louvre, Paris.

HISTOIRE

CATÉGORIES ET GENRES

ÉLÉMENTS PLASTIQUES

TECHNIQUES

LIRE UN TABLEAU

CONSERVER/EXPOSER

La peinture de genre

La peinture de genre est l'une des plus anciennes. C'est la peinture de la vie quotidienne simple et populaire : travaux, loisirs, divertissements... Elle témoigne de la vie familiale et sociale du peintre. Loin du grandiose historique ou religieux, elle raconte la vie des humbles et des anonymes.

La peinture de la vie quotidienne

Depuis l'Antiquité, les artistes transcrivent les images de l'activité humaine. On retrouve sur les murs des pyramides de l'ancienne Égypte et des riches villas de Pompéi des scènes de chasse, de noces et de banquets. Ces peintures qui évoquent la vie de tous les jours plantent le décor des activités familiales et sociales de l'époque.

Au Moyen Âge, l'austérité de l'art chrétien met un frein au développement de ces scènes de genre qui évoquent le banal du vécu quotidien et terrestre. L'art religieux est codifié, sacré et irréel. Les sujets de la peinture doivent être bibliques. Les thèmes profanes disparaissent.

Après la Renaissance, c'est dans l'Europe du Nord du XVIᵉ et du XVIIᵉ siècle que les scènes de genre se développent à nouveau. L'aristocratie et le public fortuné se détachent des grands motifs historiques et religieux. Ils préfèrent une peinture proche de la vie. Le goût est à l'image qui décrit des sujets simples et réalistes : scènes de tavernes, buveurs, rixes de mendiants.

En Flandre, Pieter Bruegel l'Ancien (v. 1525-1569) est le grand interprète de la vie rurale. Il nous dépeint les mœurs paysannes des villages flamands du XVIᵉ siècle : *La Moisson, Le Repas de noces, La Danse des paysans*. Il observe les petits détails pittoresques : décoration de la vaisselle, présentation des plats, jeux des enfants.

Les scènes prises sur le vif

Le peintre hollandais Pieter Van Laer (v. 1592-1642), installé à Rome et surnommé le Bamboche (de l'italien *bamboccio*, « poupée ») à cause de sa petite taille disgracieuse, donne son nom à ces représentations de la vie populaire romaine du XVIIᵉ siècle qu'il aime peindre. Les *bamboccianti* sont les peintres qui observent directement le quotidien de Rome : artisans, truands, mendiants et buveurs. Ils transcrivent avec trivialité et réalisme les anecdotes de la vie populaire et la misère urbaine. Leur influence s'étend dans toute l'Europe.

Dans la Flandre du XVIIᵉ siècle, Jacob Jordaens (1593-1678) et David Teniers le Jeune (1610-1690) peignent des intérieurs de tavernes. Les personnages ripaillent, boivent, fument en écoutant de la musique et en jouant aux cartes.

Au XVIIIᵉ siècle, Antoine Watteau (1684-1721) et Jean-Honoré Fragonard (1732-1806) donnent à la peinture de genre française le caractère frivole et sensuel de la vie des courtisans à Versailles. À Paris, la peinture de Jean-Baptiste Siméon Chardin (1699-1779) retrace la quiétude des scènes d'intérieur. Il peint les personnages familiers de la maison : les servantes qui travaillent et les enfants qui jouent.

À la fin du XIXᵉ siècle, la peinture de genre devient l'un des thèmes de la « nouvelle peinture ». Les impressionnistes traduisent la vivacité des sensations colorées de la capitale : moulin de la Galette, danseuses et lingères, champs de courses.

LA PEINTURE DU MONDE PAYSAN

Le Nain (Louis ou Antoine ?), Famille de paysans dans un intérieur, vers 1640. Huile sur toile (113 x 159 cm), musée du Louvre, Paris.

▪ En France

La peinture du monde paysan est un genre que la France découvre au XVIIᵉ siècle. La peinture des trois frères Le Nain est d'une grande gravité. Les peintres sont respectueux de la vie difficile des paysans. Ils montrent sans aucune ironie la dignité et la noblesse qui règnent chez les pauvres et les humbles. Ce sont des images d'un monde silencieux, immobile et attentif. Les personnages sont au repos, comme figés devant le peintre. Aucun geste ne vient animer le tableau.

Bruegel, Danse de paysans (détail), 1568. Huile sur bois (114 x 164 cm), Kunsthistorisches Museum, Vienne.

▪ En Flandre

Contrairement aux peintres français, les Flamands transcrivent des scènes vivantes. Bruegel décrit les divertissements de la société paysanne. Il montre un monde joyeux, bruyant et agité. Sa peinture exalte le mouvement des danseurs dans une ambiance générale de fête populaire. La foule compacte des personnages s'agite au rythme des musiciens qui animent le bal. Les paysans rient, boivent et s'amusent.

HISTOIRE

CATÉGORIES ET GENRES

ÉLÉMENTS PLASTIQUES

TECHNIQUES

LIRE UN TABLEAU

CONSERVER/EXPOSER

Le nu

La peinture de nu décrit la beauté formelle du corps humain. Cette peinture évolue avec les siècles sous différents aspects : historique, religieux, mythologique… Corps idéal représenté dans l'Antiquité, corps réaliste peint au XIXᵉ siècle, le nu devient, au XXᵉ siècle, un sujet d'expériences radicales pour les artistes.

L'idéal classique

L'Antiquité égyptienne utilise des règles géométriques rigoureuses pour dessiner les différentes parties du corps. Dans un souci de lisibilité picturale, l'artiste égyptien refuse les particularismes et applique un modèle (une grille étalon) : les corps figurés dans les pyramides ont tous les mêmes proportions.

Dans l'Antiquité grecque, les artistes conçoivent aussi un système de proportions, les canons, qui définit les critères de la beauté du corps idéal (*kanôn*, « règle »). Les Grecs cherchent à retrouver une harmonie parfaite : la beauté d'un corps nu doit être à l'image de la perfection divine. Vénus, déesse de l'Amour, et Apollon, le dieu des Arts, symbolisent la perfection absolue.

L'art de la Renaissance s'inspire directement de ces critères. Inspirés par l'héritage grec, les peintres perpétuent le culte de la nudité et de la beauté physique. Le sujet mythologique devient le prétexte à de vastes compositions peintes où la nudité exprime la perfection divine ; elles évoquent plus librement l'érotisme et la sensualité. Ces conventions du nu classique s'installent durablement en Europe jusqu'à la fin du XIXᵉ siècle, avec l'expansion du goût pour les sujets antiques de l'art gréco-romain.

La vision de l'Europe du Nord

Parallèlement, en Europe du Nord, l'art gothique développe une autre convention de la nudité teintée de christianisme : Ève est représentée nue, debout, longiligne, la peau très blanche, le visage étiré avec de longs cheveux blonds qui couvrent de petits seins. Elle a un ventre rond et gonflé, symbole de fertilité.

Après la Renaissance, Rubens (1577-1640) et Rembrandt (1606-1669) développent une nouvelle convention de la nudité. C'est la figure d'un corps humanisé, détaché de la perfection des dieux grecs et de la froideur chrétienne. L'équilibre et le volume des chairs sont poussés à l'extrême de l'arabesque des lignes baroques. L'image de la femme exalte l'exubérance de la chair rose et potelée.

Les nouvelles représentations

Les impressionnistes refusent le bon goût formel et les conventions. Ils montrent le corps dans sa nudité vraie, représenté pour lui-même, sans prétexte mythologique. Dans la série des *Baigneuses*, Cézanne (1839-1906) recherche une nouvelle formulation de l'équilibre classique. Il transcrit les correspondances picturales entre les lignes de la nature et le dessin du corps des femmes.

Picasso (1881-1973) puise dans les arts primitifs et dans les leçons de Cézanne une formulation révolutionnaire. *Les Demoiselles d'Avignon*, en 1907, expose les corps violemment découpés, écartelés, les visages hachurés.

ACADÉMISME ET MODERNITÉ AU XIXᵉ SIÈCLE

■■ Un tableau qui fait scandale

Le Déjeuner sur l'herbe, exposé en 1863 sous le titre *Le Bain*, fait scandale. Napoléon III déclare qu'il « offense la pudeur ». Il achète alors *La Naissance de Vénus*, du peintre Alexandre Cabanel (1823-1889), dont les spectateurs et la critique louent le « goût exquis ». Le tableau de Manet choque par le sujet choisi. Le public est outragé par l'image de ce nu représenté sans prétexte mytho-logique.

■■ Un tableau moderne mais inspiré par Raphaël

Le nu féminin est d'autant plus insolent qu'il est encadré par deux hommes habillés de sombre, qui contrastent avec la blancheur du corps dénudé. La composition du groupe est empruntée à une scène classique peinte par Raphaël, *Le Jugement de Pâris*.

La facture du tableau est aussi très singulière pour l'époque. Manet ne nuance pas ses cou-leurs, il pose de larges aplats.

***Édouard Manet,*
Le Déjeuner sur l'herbe, *1863.*
*Huile sur toile,
(208 x 264 cm)
musée d'Orsay,
Paris.*

***Alexandre
Cabanel,*
**La Naissance
de Vénus**, *1863.*
*Huile sur toile
(130 x 225 cm),
musée d'Orsay,
Paris.*

***Marcantonio Raimondi,*
Le Jugement de Pâris *(détail),*
d'après Raphaël.
Gravure, Bibliothèque nationale.

Le portrait

Le portrait apparaît dès l'Antiquité égyptienne, s'épanouit à la Renaissance en Europe occidentale, puis devient un genre stable pratiqué par la plupart des peintres, avant de disparaître, supplanté par la photographie. L'art du portrait est celui de la capture de la ressemblance physique et psychologique du modèle.

Le portrait est religieux ou commémoratif jusqu'au xvᵉ siècle

Quel que soit l'époque ou le milieu social, le portrait est lié dès son apparition au rituel de la mort (portraits funéraires de Fayoum en Égypte du Iᵉʳ au IVᵉ siècle, culte des ancêtres à Rome). Au Moyen Âge, cette image est considérée comme un double maléfique susceptible de voler l'âme de son modèle. C'est pour cette raison que, jusqu'à la Renaissance, ce genre est réduit à l'art funéraire.

Dans le cadre de la peinture religieuse, l'Église accepte le portrait des saints. Celui-ci, symbolique et codifié, doit être accompagné des attributs conventionnels de chaque figure sainte : le lion de saint Marc, la coquille de saint Jacques… En revanche, l'Église refuse le portrait du temporel, qui entrera cependant dans les églises par le biais des peintures commémoratives. Tout d'abord, les papes s'y font représenter lors de la bénédiction de l'édifice, puis les donateurs, qui apparaissent sur le tableau offert, souvent un polyptyque (tableau articulé en volets) au revers duquel ils figurent.

Le portrait devient un genre autonome à partir de la Renaissance

L'humanisme de la Renaissance, en valorisant l'homme et l'individu, favorise l'essor du portrait. Ce genre devient autonome. En Italie, les premiers portraits offrent le sujet de profil ; ainsi, Piero della Francesca (v. 1416-1492) représente le duc d'Urbino, dans le portrait *Federico da Montefeltro,* à l'image des souverains figurés au revers des pièces de monnaie. En Europe du Nord, Van Eyck (v. 1390-1441) innovera avec la représentation de trois quarts, plus expressive. Dès lors, cette peinture devient le genre de prédilection des Flamands.

Le XVIIᵉ siècle met à la mode les galeries de portraits, les familles fortunées affichent leur rang et leur lignée. Les plus grands artistes, Holbein, Rubens, Hals, Reynolds, Ingres, lui donneront ses lettres de noblesse, et de nombreuses générations de peintres vivront de cet art jusqu'à l'invention de la photographie qui, moins onéreuse, fit disparaître toute une corporation. De nos jours, ce genre est pratiquement abandonné.

Le portrait permet à l'artiste de jouer de son pouvoir. À ses commanditaires du XVIᵉ s., friands de mythologie, il élève au rang de déesse Diane de Poitiers, qu'il représente en Diane chasseresse, puis il brosse des portraits d'apparat destinés à laisser une image avantageuse du modèle (pose savante et décors somptueux : *Louis XIV* par Rigaud, 1659-1743). Il rend hommage à ses pairs ; ainsi, Raphaël (1483-1520) donne les traits de Vinci à Aristote dans *L'École d'Athènes.* Il idéalise son modèle et le soumet aux critères de beauté du moment : Dürer (1471-1528) peint des femmes aux seins et au ventre ronds, au front épilé et à la petite bouche charnue ; l'école de Fontainebleau (XVIᵉ s.) représente des femmes au nez long et fin et au front bombé ; Modigliani (1884-1920), des femmes au cou allongé et souple.

LES TECHNIQUES DE REPRÉSENTATION

▪■ L'angle de vue

– *Profil.* C'est l'angle de vue le plus simple dans la capture de la ressemblance mais le moins expressif (médailles-médaillons).

– *Face.* Le visage est présent, la pose rigide, le modèle regarde son spectateur ; la difficulté réside dans l'ovale du visage.

– *Trois quarts.* La pose esthétique et vivante permet une mise en scène assymétrique des épaules et donne de la présence au sujet, qui « sort » du tableau.

▪■ Le cadrage

– *Gros plan sur le visage.* Il se prête bien au croquis rapide.

– *Vue élargie au buste.* Il crée un espace, une « respiration » autour du modèle et permet de l'installer dans un décor.

– *En pied.* C'est souvent un portrait d'apparat grandeur nature.

– *De groupe.* Ce type de portrait est significatif de l'appartenance à un groupe, une famille ou une corporation.

▪■ *Les Ménines* de Vélasquez

Dans ce tableau, Vélasquez propose trois niveaux de portraits : les personnages, son autoportrait et, dans le miroir, le couple royal.

▪■ Les proportions du visage

Adulte de profil
Le visage s'inscrit dans un carré dont le côté est égal à trois unités et demie.

Adulte de face
Le visage se divise en trois parties et demie.

Petit enfant
Le visage s'inscrit sur quatre unités de hauteur pour trois en largeur.

*Vélasquez, **Les Ménines**, 1656.*
Huile sur toile (318 x 276 cm),
musée du Prado, Madrid.

HISTOIRE

CATÉGORIES ET GENRES

ÉLÉMENTS PLASTIQUES

TECHNIQUES

LIRE UN TABLEAU

CONSERVER/EXPOSER

L'autoportrait

Le peintre a le pouvoir de concrétiser matériellement le regard narcissique qu'il porte sur lui-même en se choisissant comme modèle. Ce faisant, il affronte la dualité entre l'imaginaire et la réalité et fait naître sa propre image en miroir. L'artiste livre son visage ou le glisse à notre insu.

Un autoportrait, pourquoi, pour qui ?

Qui mieux que le peintre peut satisfaire le désir de léguer son image à la postérité ? Certains n'en ont laissé aucune. Par exemple, personne aujourd'hui ne connaît les traits de Vermeer : s'est-il représenté de dos dans *L'Atelier* ou, ainsi que l'a suggéré Malraux, sous les traits de *L'Astronome* ?

L'artiste interroge du regard sa propre image et la met en scène. Il peut « fouiller » à loisir le visage et l'âme de son modèle, sans concessions, le caricaturer férocement, à l'instar de Toulouse-Lautrec, ou, comme Rembrandt, constater de multiples fois sur lui-même les effets des désillusions et du temps. Si Van Gogh est le témoin de sa folie mutilatrice, Picasso crie son angoisse de la mort dans un dernier autoportrait noir et blanc tragique et Bacon brouille le sien, bousculant le narcissisme attaché à l'autoportrait.

En revanche, l'autoportrait donne la possibilité au peintre de transmettre une image physique ou sociale avantageuse : Courbet offre son meilleur profil, Dürer, richement vêtu, se présente en notable et Vélasquez semble témoigner d'une relative intimité avec la famille royale.

La mise en scène permet également au peintre de témoigner de ses idées religieuses ou politiques : Rembrandt, par l'artifice de la peinture, participe à une dépose de croix et Delacroix, combattant héroïque, marche aux côtés de la Liberté.

Les formes d'autoportrait

L'intrusion de l'autoportrait dans l'œuvre peinte est fréquente, voire institutionnelle dans l'histoire de l'art. Pour Giotto, qui se glisse dans une fresque parmi les donateurs, c'est une forme de signature et une façon d'affirmer l'authenticité de l'œuvre.

La présence du peintre peut être discrète mais visible : celle de Van Eyck se devine dans le miroir des Arnolfini, Raphaël se glisse au milieu de personnalités, Véronèse dans un groupe de musiciens des *Noces de Cana*.

L'autoportrait peut être pratiquement invisible et secret : Michel-Ange se devine sur un linceul de la chapelle Sixtine et Mantegna dans un nuage et un décor végétal du palais ducal de Mantoue. Mais l'artiste qui se peint travaille en miroir en position de trois quarts ; cette attitude et le regard direct qu'il porte vers le spectateur trahissent sa présence.

À partir du XVᵉ siècle, le portrait est l'apanage des grands. En réalisant son autoportrait, le peintre revendique son statut d'artiste créateur et s'élève au rang des personnes influentes de la société (Léonard de Vinci). L'autoportrait devient lui aussi autonome, sans supprimer pour autant celui qui se glisse dans les peintures.

Francis Bacon

Paul Gauguin

William Turner

**Maurice Quentin
de La Tour**

Salvador Dali

Raphaël

Léonard de Vinci

Eugène Delacroix

Marc Chagall

HISTOIRE

CATÉGORIES ET GENRES

ÉLÉMENTS PLASTIQUES

TECHNIQUES

LIRE UN TABLEAU

CONSERVER/EXPOSER

Le paysage

La peinture de paysage représente la nature. Jusqu'au xvᵉ siècle, le paysage est au service du message religieux. À partir de la Renaissance, il devient un sujet autonome. Les peintres l'utilisent pour expérimenter différentes transpositions de l'espace.

La nature idéalisée du paysage classique

Dans l'art religieux du Moyen Âge, les caractères du paysage sont synthétisés par la symbolique de l'*hortus conclusus*. C'est la peinture d'un petit jardin clos par une haie ou par un mur. Il résume les bonheurs et les beautés du paradis. Le paysage n'est présent que comme décor d'ambiance au service du message religieux.

Après la Renaissance, le paysage devient le sujet unique du tableau ; il célèbre l'équilibre divin entre l'homme et la nature. Les peintres élaborent une image idéale du paysage : campagne avec des édifices antiques qui évoquent la gloire de l'ancienne Rome et la chute de l'empire païen, jardins dessinés comme dans un décor de théâtre. Tout exalte l'ordre et l'harmonie.

À Florence, Léonard de Vinci invente un nouveau procédé de transcription du paysage : la perspective aérienne. Dans ses tableaux, il dégrade progressivement la lumière et la couleur du ciel vers la ligne d'horizon : les teintes bleues sont plus froides et moins saturées dans le lointain.

Le naturalisme hollandais

En Europe du Nord, les grands bourgeois commanditaires de la peinture veulent contempler un paysage réaliste et non idéalisé de leur pays. Les peintres apprennent à transcrire des images précises. Ils dessinent la topographie exacte des lieux, les caractères particuliers de chaque plante et le rendu original des lumières et des ambiances de la Hollande et de la Flandre. Très apprécié, le paysage devient le sujet de prédilection des grands peintres Ruisdael (1628 ?-1682) et Jordaens (1593-1678), qui lui donnent ses lettres de noblesse.

Lumières et sensations

Au xixᵉ siècle, l'artiste romantique est seul face au monde. Le paysage est immense, ténébreux et hostile : il domine l'homme. Le peintre allemand Caspard David Friedrich (1774-1840) évoque un paysage qui nous parle : la transcription des effets atmosphériques et des mouvements de la nature (le vent, les rivières et les cascades) reflète nos émotions et nos sentiments.

Le paysage devient le sujet privilégié des impressionnistes. Ils transcrivent sur la toile la sensation des variations de la lumière et le sentiment de l'éphémère. Les peintres travaillent pour la première fois directement sur place, dans la nature.

Avec l'art abstrait, le paysage trouve une expression originale. Sans référence réaliste à la nature, il est composé de lumières expressives, de formes géométriques et de couleurs pures.

L'ÉCOLE DE BARBIZON

La peinture paysagiste

Barbizon est un petit village à la lisière de la forêt de Fontainebleau, dans lequel les peintres paysagistes du milieu du XIXe siècle découvrent et expérimentent l'émotion romantique du paysage peint d'après nature.

Théodore Rousseau (1812-1867) achète une maison dans le village, Camille Corot (1796-1875) séjourne souvent à l'auberge Ganne, et Jean-François Millet (1814-1875) y termine ses jours. Barbizon est une sorte de refuge aux portes de Paris, où les artistes viennent retrouver leurs racines face à la rusticité de la nature. Refusant la mécanisation grandissante, ils cherchent à s'éloigner du modernisme de la capitale.

Les portraitistes de la nature

Influencés par l'atmosphère picturale de l'école hollandaise et par la vérité réaliste des paysages de l'Anglais John Constable (1776-1837), les peintres de l'école de Barbizon se réclament portraitistes de la nature. Ils refusent le style académique du paysage héroïque. Ils glorifient la nature et le travail des paysans. Travaillant directement dans le paysage et sous la lumière éphémère des ciels changeants, ils préparent l'impressionnisme : la vitesse d'exécution, la touche légère, nerveuse et rapide, la couleur pure.

Corot,
Le Pont de Mantes,
vers 1868.
Huile sur toile (38 x 56 cm), musée du Louvre, Paris.

Millet,
Le Printemps,
1868-1873.
Huile sur toile (86 x 111 cm), musée d'Orsay, Paris.

La peinture de marines

La peinture de marines se développe dans les pays culturellement attirés par l'image de la mer et des bateaux. Aux Pays-Bas et en Angleterre, le « paysage de la mer » est par tradition une peinture majeure et très populaire. Depuis l'impressionnisme, c'est un genre qui offre à l'artiste une grande liberté d'expression.

La naissance d'un genre pictural

La peinture de marines apparaît pour la première fois comme un genre pictural autonome aux Pays-Bas. À la Renaissance, le nouvel intérêt de la société néerlandaise pour l'aventure maritime et la découverte des continents donnent à la représentation de la mer et des bateaux une existence propre.

Au XVIIᵉ siècle, la peinture de marines devient un sujet de peinture très populaire. Elle a ses règles de composition et ses thèmes. Le tableau est « coupé » en deux par la ligne d'horizon. Il évoque la confrontation entre un large ciel chargé de nuages qui se reflètent sur la surface d'une mer calme, avec de puissants navires qui partent à la conquête du monde.

L'apogée en Angleterre

Au cours des XVIIIᵉ et XIXᵉ siècles, la vocation maritime de l'Angleterre donne à la peinture de marines ses lettres de noblesse. L'Angleterre est le pays où le « paysage de la mer » va prendre toute sa dimension classique. Les artistes y établissent les règles du genre : large voilier naviguant sur une mer calme, toutes voiles dehors, sous un ciel bleu argenté, irradié de soleil ; ou bien affrontant une tempête, à la lueur des éclairs, soulevé par les vagues.

William Turner (1775-1851) est le peintre anglais qui formalise le mieux ce goût pour l'aventure maritime. Pour traduire la sensation des événements climatiques éphémères, l'artiste maîtrise la rapidité de son geste : des lignes vives et colorées posées brièvement, comme dans une esquisse. Sa façon de peindre, épaisse, vive et emportée, influencera beaucoup les artistes impressionnistes français.

Transcrire la sensation

Pour les peintres romantiques du XIXᵉ siècle, l'homme se confronte violemment à la nature. La mer est synonyme de tempête. Dans *Le Radeau de la Méduse*, Théodore Géricault (1791-1824) illustre le combat de l'homme avec la mer.

À la fin du XIXᵉ siècle, sur la côte normande, Eugène Boudin (1824-1898) transpose par petites touches sur la toile les sensations éphémères de l'atmosphère d'un lieu… Grâce au développement des chemins de fer et avec le goût de la nouvelle classe moyenne pour les bains de mer, les impressionnistes peignent pour la première fois au milieu de la nature, devant la mer et sur la plage.

Plus tard, au bord de la Méditerranée, Henri Matisse (1869-1954) fait jaillir violemment la couleur bleue du ciel, le vert intense de la mer et le rouge des bateaux.

Les peintres du XXᵉ siècle choisissent aussi ce thème pour exprimer, avec de nouvelles techniques, des paysages proches de l'abstraction. Nicolas de Staël (1914-1955) compose de larges étendues où la mer et le ciel se confondent.

Van de Velde, **La Mer par temps calme,** *1658.*
Huile sur toile (66,5 x 77,2 cm),
musée Condé, Chantilly.

◼ Le peintre de la mer

Willem Van de Velde (1633-1707) est un artiste hollandais, réfugié à Londres après 1674. Le style de ses peintures de marines fut très apprécié et très en vogue à la cour du roi d'Angleterre, qui lui passa de nombreuses commandes d'événements maritimes.

◼ La mer par temps calme

Le regard est attiré par l'« échappée visuelle », légèrement à droite de la composition.
La couleur du ciel et de la mer s'éclaircit pro-gressivement en allant vers la ligne d'horizon : effet de perspective atmosphérique qui « creuse » l'image.
Pour donner de la profondeur au tableau, le peintre représente aussi des bateaux dans le lointain.
La scène est vue depuis le bord du rivage : mer tranquille par calme plat. La ligne d'horizon est basse, le ciel occupe plus des trois quarts de la toile.
Précision dans les détails des bateaux, peinture descriptive, presque anatomique, c'est une image technicienne très proche de la réalité.

HISTOIRE

CATÉGORIES ET GENRES

ÉLÉMENTS PLASTIQUES

TECHNIQUES

LIRE UN TABLEAU

CONSERVER/EXPOSER

La nature morte

Variation sur le thème de la présentation d'éléments immobiles : des objets, des fleurs, des fruits, des gibiers. Les peintures privilégient la mise en scène du motif dans son décor et la valeur symbolique des objets choisis. À la fin du XIXᵉ siècle, la nature morte devient le terrain d'expérience de la nouvelle peinture.

La nature inanimée et les objets du quotidien

▬ L'invention d'une peinture de l'objet, sans autre prétexte que la représentation des choses inanimées, date de la fin de la Renaissance. Jusqu'au XVIIᵉ siècle, les règles artistiques proclament que le prestige d'un tableau dépend de la valeur historique ou morale du sujet. La nature morte n'est qu'un détail du motif principal.

▬ Après la Renaissance, le public s'intéresse au style de la nouvelle peinture profane qui montre le savoir-faire illusionniste de l'artiste. Il représente des objets, des tables servies, des fleurs. En France, au XVIIIᵉ s., Diderot parle de nature inanimée.

▬ Les objets sont disposés sur une sellette (meuble, table). Le peintre expérimente différentes solutions dans le traitement plastique de l'espace : rideaux posés au mur, fond noir et contraste clair-obscur. Il varie ses points de vue et place souvent une lumière incidente qui découpe le volume des objets.

Les vanités

▬ Au XVIIᵉ siècle, les vanités sont un genre particulier de nature morte dont le sujet évoque la relativité des choses de la vie terrestre. C'est une méditation sur la mort et sur la précarité de l'homme face au temps qui passe. Les artistes utilisent quantité d'objets symboliques qui transcrivent ce questionnement philosophique. Un crâne, un os et un squelette évoquent directement la mort. Une chandelle, une horloge ou un sablier montrent la fuite du temps. L'image d'une fleur fanée dans un bouquet, d'une corde brisée sur le manche d'un instrument de musique, d'une mouche sur des fruits trop mûrs représente la fragilité de notre monde matériel.

▬ Parallèlement, le style des natures mortes aux cinq sens révèle la richesse de notre relation avec le monde et le pouvoir de nos sensations : le goût avec les boissons ou la nourriture, l'odorat avec le parfum des fleurs, la vue avec les reflets d'un miroir, d'un plat en étain ou d'une armure, l'ouïe avec les instruments de musique, le toucher avec les pièces de monnaie, les jeux de cartes ou le damier.

Un sujet d'expériences

▬ Au XIXᵉ siècle, la nature morte devient le sujet privilégié des expériences formelles qui bouleversent les règles de la peinture académique. Paul Cézanne « primitivise » sa représentation. Il géométrise la forme des objets et disperse arbitrairement les points de fuite pour créer un nouveau rythme de composition.

▬ Au début du XXᵉ siècle, les peintres cubistes utilisent le thème de la nature morte pour détruire définitivement l'espace illusionniste de la perspective. Ils brisent et pulvérisent la forme des objets, qu'ils reconstruisent ensuite dans un nouvel ordre.

▬ L'artiste dada Marcel Duchamp expose l'objet par lui-même, qui devient un *ready-made* (« déjà fait »), dans toute sa banale réalité. Il le transforme en œuvre d'art par sa seule volonté.

Chardin,
La Fontaine
de cuivre, 1734.
Huile sur bois
(28,5 x 23 cm),
musée du Louvre,
Paris.

Chardin utilise une matière picturale chaleureuse qui restitue l'aspect de la matière de chaque objet. Les nuances infinies du vert sombre de la cruche, du cuivre jaune du poêlon et de l'orangé éclatant de la fontaine se détachent sur l'aplat uniforme du fond gris.

Chardin met en scène de simples objets de cuisine. Il combine les vides et les pleins du volume des objets. Le trépied de la fontaine accentue la profondeur de la composition.

La nature morte est disposée sur le sol, devant un coin de mur en arc de cercle. Dans l'arrondi de ce décor, Chardin choisit de montrer des objets ventrus, concaves et convexes.

La composition en pyramide alterne les zones claires et foncées. La lumière vient de la gauche. Elle trace des ombres nettes qui découpent et construisent l'espace du tableau.

HISTOIRE

CATÉGORIES ET GENRES

ÉLÉMENTS PLASTIQUES

TECHNIQUES

LIRE UN TABLEAU

CONSERVER/EXPOSER

La peinture d'architecture

La peinture d'architecture représente un décor citadin, réel ou fictif. Très appréciées au XVIIIᵉ siècle par les riches amateurs qui veulent garder la trace de leur passage dans une ville, ces peintures sont des exercices de perspective pour les peintres : dessin des façades, profondeur des avenues et répétition des piliers.

Le védutisme

▬ Le védutisme est un mot d'origine italienne (*vedute*, « vue ») qui désigne l'art du paysage d'architecture à Venise au XVIIIᵉ siècle. Les peintres vénitiens Antonio Canal dit Canaletto (1697-1768) et Francesco Guardi (1712-1792) représentent les monuments, les rues et les places de la ville. Ce style correspond au goût pour le souvenir des riches visiteurs de l'aristocratie étrangère.

▬ Les védutistes vont propager l'image d'une ville fière et magnifique : richesse décorative des façades, alignement de palais recouverts de marbre, splendeur d'un art de vivre et de ses fêtes, admirées et enviées dans toute l'Europe. C'est aussi une description fidèle de l'architecture de cette ville.

Gravure de 1928 représentant le Grand Canal à Venise, peint par Canaletto au XVIIIᵉ siècle.

Caprices et ruines antiques

▬ En avance sur les collages surréalistes, les artistes du XVIIIᵉ siècle associent et juxtaposent différents fragments de réalité pour composer une nouvelle image du monde. L'Italien Giovanni Paolo Pannini (1691-1765) et le Français Hubert Robert (1733-1808) rapprochent et collent fictivement, sur le même lieu et dans une même place, l'image des différents bâtiments et ruines qui existent déjà, mais disséminés dans toute la ville. Ces *Caprices* reconstruisent ainsi une cité imaginaire et fantastique qui les contient tous assemblés.

▬ Au début du XIXᵉ siècle, avec la mise au jour des vestiges de Pompéi et d'Herculanum, la peinture de ruines devient à la mode. Ces vues d'architecture antique combinent les colonnades et les galeries pour répéter à l'infini le format rectangulaire du cadre à l'intérieur du tableau. Les trouées des fenêtres, des lucarnes et des porches laissent le regard traverser l'épaisseur de l'aplat monumental des façades et des pans de murs à moitié effondrés.

LA PEINTURE DE RUINES

Les ruines, un thème important dans la peinture

La peinture de ruines évoque la destruction et la marque du temps qui passe. Pendant la Renaissance, les peintres utilisent l'image symbolique des ruines pour représenter la chute du monde antique et la victoire d'un nouvel ordre naissant. C'est pour cela que l'on retrouve souvent un décor de ruines antiques juxtaposé aux scènes de la vie du Christ : par exemple, dans les scènes de la Nativité, l'adoration et la naissance de l'enfant Jésus ne se déroulent pas dans l'humble étable de Bethléem mais dans les imposantes ruines d'un temple de l'Antiquité gréco-romaine.

Pour les peintres de paysages du XVIIe siècle, les motifs de ruines évoquent l'érosion du temps qui passe. Ils traduisent la relativité des choses et l'éphémère des valeurs de la vie.

Au XVIIIe siècle, les ruines sont un thème important de la peinture européenne. Le Français Hubert Robert visite Herculanum et Pompéi. De retour à Paris, il propage le style du paysage de ruines. Il se spécialise dans la peinture des monuments parisiens, qu'il imagine détruits et dégradés, dans une « rêverie archéologique » à la grande exactitude topographique.

La Grande Galerie du Louvre en ruines

Le tableau de la Grande Galerie du Louvre en ruines montre les grandes arcades brisées et l'effondrement de la voûte. La présence des personnages donne l'échelle du bâtiment. Au premier plan, un homme copie une statue antique et donne un caractère artistique à la scène. Les ouvertures sur le ciel éclairent le tableau jusqu'au lointain, accentuant l'horizontalité de ce long couloir.

Hubert Robert,
Vue imaginaire de la Grande Galerie du Louvre en ruines, *1796.*
Huile sur toile (114,5 x 146 cm), musée du Louvre, Paris.

HISTOIRE

CATÉGORIES ET GENRES

ÉLÉMENTS PLASTIQUES

TECHNIQUES

LIRE UN TABLEAU

CONSERVER/EXPOSER

La peinture murale

L'artiste travaille parfois directement sur les murs d'un bâtiment. Il choisit de s'intégrer naturellement dans l'architecture ou de perturber volontairement l'espace habité : la peinture murale est alors la confrontation entre le pouvoir illusionniste et poétique de l'image et la rigueur fonctionnelle de l'édifice.

L'architecture civile et royale

Le peintre et l'architecte associent étroitement la fabrication matérielle du mur et la peinture des décorations. Le tableau devient une partie intégrante du mur lui-même. De tout temps, la décoration des châteaux et des riches demeures a évoqué l'art de vivre de la cour, glorifié l'État et honoré le souverain.

Lorsque le mur est décoré par une figure réaliste, rectangulaire et encadrée, il donne l'impression d'être « troué » par une fenêtre. Le spectateur regarde sur le mur l'illusion d'un motif et d'un espace extérieur à la pièce.

Quand le mur est décoré sur toute sa surface, du sol au plafond, le spectateur est au centre d'un espace en trompe-l'œil qui se juxtapose à celui de la pièce. La peinture du décor est à l'échelle humaine : en entrant dans la pièce, le spectateur entre à l'intérieur du décor qui l'entoure.

La décoration des édifices religieux

Les édifices religieux, abbayes, chapelles et cathédrales, sont abondamment décorés par des peintures qui remplissent le rôle de narration sacrée. La peinture murale religieuse illustre les épisodes successifs d'un passage de la Bible ou de la vie d'un saint. Elle est divisée en compartiments successifs disposés en registres : la narration est séquentielle dans le sens de la lecture, de gauche à droite.

Dans la réalisation d'un cycle de fresques sans continuité narrative, l'artiste peint plusieurs tableaux placés côte à côte. Chaque action est peinte dans l'un des espaces proposés par la configuration du mur : intervalles entre les fenêtres, les vitraux, les colonnes, etc. Le peintre peut également compartimenter le mur avec des volumes en trompe-l'œil : statuaire, décoration en faux marbre et faux reliefs.

Le xxᵉ siècle

Après la Première Guerre mondiale, les peintres abstraits veulent transformer l'architecture. Le mur classique rectangulaire est mis à mal par les éléments de décoration qui en découpent le format. Le mur est crénelé, taillé et dessiné par les peintres. Il devient courbe, arrondi, granuleux et parsemé de formes abstraites. Les décorateurs refusent l'illusionnisme du tableau. Ils exposent l'expressivité du décor peint pour lui-même. L'art mural a une vocation décorative et abstraite : la couleur est posée pure, dans des formes géométriques.

Né au Mexique dans les années 20, le mouvement du muralisme s'inspire de la peinture précolombienne. Les artistes, autour de David Siqueiros (1896-1974), réalisent sur les édifices publics de grandes fresques extérieures et intérieures à la gloire du peuple mexicain. Cet esprit communautaire et urbain influence, dans les années 60, la peinture murale de la côte Ouest des États-Unis.

POMPÉI

À vingt-cinq kilomètres de Naples, Pompéi est une petite cité romaine ensevelie brutalement sous une couche de quatre à six mètres de cendres lors de l'éruption du Vésuve, en l'an 79 de notre ère. Les Romains oublient partiellement son existence et sa place. Elle n'est redécouverte qu'en 1748, dix ans après Herculanum. Ville commerçante et balnéaire prospère de bourgeois riches et parvenus, Pompéi est une colonie romaine depuis 80 av. J.-C. Les recherches archéologiques mettent régulièrement au jour les peintures murales qui ornent les belles demeures. Cet art décoratif témoigne des plaisirs d'une vie facile et luxueuse. Les peintures murales sont l'œuvre d'artisans décorateurs et non d'artistes importants réputés à cette époque.

Pour évoquer la puissance et la grandeur, ils peignent de fausses architectures, illusions savantes et compliquées qui décorent toute la surface du mur. Ils peignent aussi de petits tableaux rectangulaires qui percent la paroi à la façon de fenêtres ouvertes sur l'extérieur. Ces compositions donnent une idée du goût du rêve et de l'esprit d'évasion des propriétaires.

Pompéi, **Fresque de la maison des Vettii,** *vers 63-70 apr. J.-C.*
Chambre décorée.

HISTOIRE

CATÉGORIES ET GENRES

ÉLÉMENTS PLASTIQUES

TECHNIQUES

LIRE UN TABLEAU

CONSERVER/EXPOSER

La peinture des voûtes et des plafonds

Les voûtes et les plafonds structurent la partie supérieure de l'architecture. Confronté à cette verticalité du point de vue, le peintre représente généralement des ciels fictifs.

La perspective verticale

Les peintres de la Renaissance inventent le style décoratif de la perspective verticale. Avec le développement des nouveaux procédés illusionnistes de la perspective, les peintres peuvent composer des images verticales lisibles sous différents angles de vue. Ces images peintes sur un plafond ou sur une voûte créent l'illusion d'un espace réel posé au-dessus des murs, elles juxtaposent des trompe-l'œil et de savants raccourcis. En levant les yeux au ciel, le spectateur perçoit l'illusion d'une scène vue d'en dessous, en fait une succession de plans qui creusent l'espace dans la profondeur. Pour accrocher l'œil du spectateur, le peintre construit une composition claire, les figures sont grandes, le dessin, bien marqué et les couleurs, vives.

La peinture du ciel

Dans les édifices religieux, les peintres transcrivent des épisodes bibliques sur la voûte des églises. Celle-ci se peuple d'une multiplicité de personnages qui traversent l'espace d'un ciel fictif pour emporter la ferveur des fidèles dans un monde céleste imaginaire.

Les palais et les villas princières sont ornés de thèmes mythologiques et profanes. Des nuées de petits amours accompagnent Vénus, et les dieux de l'Olympe se déplacent librement dans les airs sur leurs chars célestes.

Au XIXᵉ siècle, les artistes décorent avec des fables et des allégories antiques les plafonds des salles d'exposition, de spectacle et de concert. Ingres (1780-1867) peint les plafonds du Louvre, Delacroix (1798-1863) ceux des bibliothèques du Palais-Bourbon et du Sénat. Au XXᵉ siècle, Georges Braque (1882-1963) peint les caissons Renaissance du musée du Louvre et Marc Chagall (1887-1985) le plafond de la grande salle de l'Opéra de Paris.

La *Quadratura*

Le motif de la peinture cherche à faire oublier les contraintes de l'édifice. Le terme *quadratura* désigne l'art de simuler des perspectives architecturales et scéniques qui semblent prolonger hors de la pièce l'espace réel du spectateur. Cet art est très en vogue au XVIIᵉ siècle.

L'architecture cloisonnée

Le sujet peint ne cherche pas à trouer le mur : il n'y a pas d'effet de perspective ou de fausse profondeur. Les guirlandes de figures géométriques abstraites et les rubans colorés décoratifs sont déroulés le long des voûtes. Ils désignent clairement les lignes de l'architecture : les arcs, les coupoles, les ogives, etc.

Le format des peintures s'intègre au format de la paroi, qui est divisée en médaillons, cellules et caissons. Les tableaux sont peints dans des compartiments encadrés de stuc ou découpés par le bord des murs.

LA VOÛTE DE LA CHAPELLE SIXTINE

Une œuvre solitaire

Sur la grande voûte (520 m²) de la chapelle Sixtine (construite par le pape Sixte IV entre 1475 et 1483), le pape Jules II demande à Michel-Ange (1475-1564) de peindre les scènes de la Genèse et de l'Ancien Testament. L'artiste travaille seul à la fresque, couché sur un échafaudage, du 10 mai 1508 jusqu'en 1512.

Trompe-l'œil et personnages titanesques

La série des dix panneaux centraux illustre l'histoire de la Création et du péché originel jusqu'à la Rédemption. Michel-Ange crée une fausse architecture en trompe-l'œil, qui encadre cette série dans un système d'ogives, de piliers et de corniches. Il installe dans les médaillons des images symboliques, allégoriques et prophétiques. Les *ignudi* (nus) qui accompagnent chaque histoire et qui soutiennent les médaillons exaltent la beauté du corps humain. Ils témoignent du goût de Michel-Ange pour l'art antique. La taille imposante des figures, la clarté des couleurs et la puissance de la composition donnent aux personnages l'apparence de véritables sculptures.

Michel-Ange, **La Création du monde** *(détail), voûte de la chapelle Sixtine, 1508-1512.* Rome.

HISTOIRE

CATÉGORIES ET GENRES

ÉLÉMENTS PLASTIQUES

TECHNIQUES

LIRE UN TABLEAU

CONSERVER/EXPOSER

L'enluminure et la miniature

Enluminer est l'art de dessiner et de peindre sur les manuscrits ou dans les livres. C'est un art coloré, essentiellement médiéval. La miniature, quant à elle, est une peinture autonome de petites dimensions, qui s'évadera du livre pour devenir une œuvre d'art à part entière, n'obéissant à aucun code.

L'enluminure, l'art ornemental des manuscrits

■ Au Moyen Âge, avant la naissance de l'imprimerie, l'écrit est l'exclusivité de l'Église et les livres sont écrits à la main. Pour diffuser les textes liturgiques et la Bible, chaque grande abbaye possède un atelier de moines copistes qui recopient les écrits religieux. Ils dessinent avec les outils du peintre et du calligraphe dans les livres de prières et les psautiers. Les minerais rares, les filets d'or et d'argent rehaussent la palette des couleurs fabriquées dans le secret de l'atelier.

■ Pour souligner l'importance des écrits liturgiques, les copistes ornent les lettres initiales (lettrines) des paragraphes et décorent les bords de la page. Les lettrines se parent d'entrelacs géométriques, de motifs floraux, de personnages et de sujets zoomorphes vivement colorés. Cet art se caractérise par sa richesse d'imagination dans l'ornementation. Les rares personnages sont dessinés sans aucun souci d'expressionnisme. L'artiste utilise quelquefois le dessin de la majuscule pour en suggérer le contour ou laisse glisser sa plume et son pinceau sur la page entière (page-tapis).

■ C'est dans les îles Britanniques que cet art décoratif prend toute sa force, aux VIIIᵉ et IXᵉ siècles, sous l'influence de l'art celte. À l'image du *Book of kells* irlandais, un style graphique incomparable de virtuosité et purement ornemental met en valeur la ligne, les spirales et les entrelacs tracés à main levée.

L'illustration du récit, un art descriptif

À partir du XIIᵉ s. et durant la période gothique, la production des manuscrits se développe ainsi que celle des livres d'heures (recueils de prières pour laïcs). Le roi, les nobles et les étudiants ont accès aux livres et réclament des images plus tangibles. L'ornementation devient une peinture réaliste qui illustre le récit et envahit la totalité de la page. Les calligraphes-copistes cèdent alors la place à des artistes peintres regroupés en ateliers qui ornent les emplacements laissés en réserve. Paris, sous le règne de saint Louis (XIIIᵉ s.), fut un centre important d'enluminure.

La miniature, un art à part entière

■ La miniature, de *minus* (« plus petit ») ou de *minium* (peinture rouge), est attachée aux manuscrits. Tout d'abord incluse à la lettrine, la miniature est une peinture de scènes religieuses, de portraits ou de paysages réservée aux livres et réalisée à l'intention du possesseur de l'ouvrage. Ainsi, les illustrations des *Très Riches Heures du duc de Berry*, réalisées par les frères Limbourg vers 1416, mettent en scène le duc et les terres qu'il possède dans un style à la fois réaliste et aristocratique.

■ Au XVIᵉ s., l'essor du portrait conduit la miniature à s'évader du livre pour devenir autonome. Ce genre, porté par la vogue des portraits de voyage, se développera jusqu'à l'invention de la photographie, qui signe son déclin. Les miniatures gagneront les bijoux ou orneront les objets raffinés tels que tabatières et petites boîtes.

LES SUPPORTS ET LES TECHNIQUES DE LA MINIATURE

■ Les techniques

La miniature a toujours été considérée comme un objet précieux synonyme de raffinement. Tout en recherchant des qualités plastiques de transparence et de préciosité du matériau, les miniaturistes se sont ingéniés à trouver sans cesse de nouveaux supports, renforçant ainsi la valeur de l'objet lui-même.

La première technique fut celle de la gouache sur parchemin (avant l'invention du papier) ; puis l'aquarelle sur velin (peau d'un jeune animal ou d'un veau mort-né), plus souple et plus rare que le matériau précédent, offrit les effets conjugués d'éclat et de transparence de la peinture et de son support. Bien que vulnérable à la lumière, cette peinture, protégée dans les livres, a conservé la fraîcheur des coloris d'origine.

La peinture émaillée sur métal vit le jour en Suisse au XVIIe siècle avant de se développer en Europe. Cette tradition subsiste de nos jours et offre, contrairement à la détrempe, la qualité de ses couleurs inaltérables.

L'ivoire, associé dès le XVIIIe siècle à la gouache, fut rapidement un support recherché (miniatures occidentales et orientales). La matière de ses fines plaques « éclaire » la peinture et donne des effets opalescents , notamment dans le rendu de la carnation.

■ Le portrait miniature, une tradition anglaise qui date du XVIe siècle

L'art du portrait miniature serait d'origine anglaise. La peinture de Lucas Horenbout (1465-1541), peintre du roi Henri VIII, et de Hans Holbein (1497-1543) génère un tel engouement à la cour qu'elle devient une tradition. Nicholas Hilliard (1547-1619) illustre l'élégance de la cour élisabéthaine. Jusqu'au XIXe siècle, des générations d'artistes en perpétuent le genre tout en le faisant évoluer.

Hilliard, Jeune Homme adossé parmi les roses, *vers 1590.*
Aquarelle sur bois (13 x 6 cm),
Victoria and Albert Museum, Londres.

Boîte ovale en or à fond émaillé bleu, XVIIIe s.
(3,5 x 8 x 6 cm).

HISTOIRE

CATÉGORIES ET GENRES

ÉLÉMENTS PLASTIQUES

TECHNIQUES

LIRE UN TABLEAU

CONSERVER/EXPOSER

Le polyptyque

Un polyptyque est une peinture constituée simultanément par plusieurs tableaux. Ils sont présentés ensemble comme une seule et même œuvre picturale. Peints sur différentes toiles et panneaux juxtaposés, ils sont souvent montés avec des charnières. Ils s'ouvrent et se ferment pour se déployer dans l'espace.

L'âge d'or de l'art gothique

■■ Le terme polyptyque (du grec *polus*, « nombreux », et *ptuckhos*, « pli ») désigne des peintures qui s'insèrent dans un système de menuiserie agencé avec des volets. Cet art se développe dans l'Europe du Nord du Moyen Âge gothique. Monté avec des charnières, chaque volet peint s'ouvre et se referme. Deux volets (diptyque) ou trois volets (triptyque) peuvent être ainsi mobiles. On ouvre ces tableaux à l'occasion des différentes fêtes et offices religieux.

■■ Tout d'abord, l'ébéniste construit une structure de bois sur laquelle il sculpte des colonnes et des encadrements. Cette pièce de menuiserie est rehaussée de peinture dorée ou argentée.

■■ L'artiste exécute ensuite les différentes vignettes et tableaux dans les espaces « blancs » laissés par le menuisier. Il représente des scènes liturgiques sur les deux faces des panneaux.

■■ Les particuliers possèdent des diptyques et triptyques de petites dimensions, peints recto verso. Faciles à transporter, ils sont pliants pour que la peinture soit à l'abri des intempéries et du temps qui passe.

Les tableaux assemblés

Pour réaliser un polyptyque, le peintre doit compartimenter ses images. Il ajuste les scènes et les figures dans des registres qui classent les sujets, isolent les personnages et hiérarchisent les actions. Le panneau central, celui qui attire le plus le regard du spectateur, expose en grand format le motif principal : la gloire du Christ ou l'adoration de la Vierge Marie. Les personnages principaux sont ensuite représentés en entier, répartis sur le même plan latéral. Dans les registres supérieurs, les figures secondaires apparaissent plus petites, à mi-corps, comme appuyées sur le bord d'un balcon.

Un nouveau format

■■ En France, à la fin du XIXᵉ siècle, le goût pour le style gothique et la découverte de l'art des paravents décoratifs japonais influencent les peintres post-impressionnistes. Paul Sérusier (1863-1927) et Pierre Bonnard (1867-1947) cherchent à construire un nouvel espace pictural. Ils juxtaposent des tableaux et dessinent de nouveaux formats. La peinture devient mobile. Elle passe d'une toile à l'autre, semblant envahir l'espace.

■■ Au XXᵉ siècle, Henri Matisse (1869-1954), Fernand Léger (1881-1955) et les peintres abstraits utilisent l'assemblage monumental de tableaux juxtaposés. Ils démultiplient la surface de l'image peinte et inventent de nouvelles relations entre le format des œuvres rassemblées et le motif représenté.

UN TABLEAU À VOLETS MOBILES

■ Le triptyque ouvert

Le triptyque en bois peint est composé d'un panneau central encadré de deux volets peints qui se referment. Le cadre est ouvragé, orné d'or et surmonté d'une croix.

La continuité de la ligne d'horizon, l'harmonie des couleurs et l'unité de la lumière unifient l'espace des trois tableaux.

Au centre, le tableau représente la Vierge et les anges. La composition est symétrique de part et d'autre de la Vierge.

Sur les côtés, les saints représentent les donateurs. La taille des personnages épouse précisément l'oblique curviligne du format des volets latéraux.

Gérard David, **Triptyque de la famille Sedano,** *vers 1490. Musée du Louvre, Paris.*

Volet de gauche :
Jean de Sedano et son fils présentés par saint Jean Baptiste (91 x 30 cm).

Panneau central :
la Vierge et l'Enfant entre deux anges musiciens (97 x 72 cm).

Volet de droite :
la femme de Jean de Sedano présentée par saint Jean l'Évangéliste (91 x 30 cm).

■ Le triptyque fermé

Le dos des volets représente Adam et Ève. Cette scène de la tentation renvoie au panneau central. Elle annonce le rachat par la Vierge Marie, la « nouvelle Ève », du péché de l'« Ève ancienne ».

HISTOIRE

CATÉGORIES ET GENRES

ÉLÉMENTS PLASTIQUES

TECHNIQUES

LIRE UN TABLEAU

CONSERVER/EXPOSER

La ligne

Dans la peinture, la ligne évoque le dessin et le graphisme. Elle expose l'expressivité du geste de l'artiste. Une ligne unie, régulière et fluide dessine le contour d'une forme et délimite une surface (Matisse). Des traits irréguliers, découpés et hachurés évoquent une texture (Van Gogh).

Ligne et graphisme

■ La ligne est l'élément graphique de la peinture. Elle est le dessin préparatoire et l'esquisse du tableau. Une ligne simple guide le regard du spectateur, qui suit son tracé. La répétition d'une ligne crée un rythme et une texture. Une ligne fermée détermine le contour d'une forme.

■ Traditionnellement, la ligne devance la couleur. Le dessin est à l'origine, il délimite le contour des objets et des figures. La couleur l'accompagne, elle vient *a posteriori* s'installer dans les formes pour « remplir » la silhouette préalablement tracée. Depuis la Renaissance, la confrontation est permanente entre partisans du dessin (Poussin, Ingres) et coloristes (Rubens, Delacroix).

Les débuts de l'abstraction

Dans son enseignement, Kandinsky définit les règles de dessin des lignes abstraites : la ligne est la trace d'un point mis en mouvement. Une force régulière crée une ligne droite, plusieurs forces irrégulières et contradictoires créent une courbe ou une ligne brisée. Les verticales sont chaudes, les horizontales froides et les diagonales font l'union des deux. Toutes les autres lignes droites sont des déviations de la diagonale. Les lignes courbes décrivent un plan, elles sont naturelles et fluides.

Le geste graphique et pictural

■ Les frottements du pinceau sur la toile, la résistance du support, l'obligation de reprendre régulièrement de la peinture freinent l'action de l'artiste. La ligne est tracée sans grande mobilité de la main.

Kandinsky, **Dessin pour Point-Ligne-Plan,** *1925. (38,4 x 24,8 cm).*

■ André Masson (1896-1987) trouve une solution pour montrer la vitesse du geste qui trace des lignes sans les contraintes du pinceau. Sur le sol de son atelier, il asperge de colle une toile en larges gestes « automatiques », puis la recouvre d'une fine couche de sable. Après « nettoyage », seules les giclées de colle sont restées visibles puisqu'elles ont retenu le sable prisonnier (comme des lignes de matière).

■ Jackson Pollock (1912-1956), avec la technique du *dripping* (égouttage), dessine aussi des lignes de peinture qui coulent directement de son pot de peinture. La ligne est autonome, elle se libère de la figure et de l'objet, elle devient le motif du tableau.

■ Les peintres contemporains exposent la ligne à travers des graffitis, des griffures et des crevasses. Ils dessinent et tracent des traits sur tous les supports : carton, tissu, sable, etc., avec toutes les techniques : découper, brûler, plier, lacérer, etc.

LIGNES DROITES ET ARABESQUES

En peinture, les lignes droites évoquent la stabilité ; elles découpent l'espace intérieur du tableau et mettent en valeur le format de l'image. Les lignes courbes traduisent l'agitation et le déséquilibre ; elles créent une relation dynamique et mouvementée avec l'ordre statique et régulier du cadre. La confrontation entre ces deux réseaux graphiques crée dans l'œil du spectateur une instabilité et une tension qui « agitent » l'image. Picasso traduit la sensation du mouvement en opposant des lignes tendues et régulières (le dallage) avec des arabesques souples (le fauteuil).

À l'arrière-plan, le sol est figuré par une trame de lignes qui dessinent un carrelage. Ce réseau de lignes droites, statiques et régulières contraste avec l'encorbellement des spirales noires qui entourent le personnage central. Celui-ci, schématiquement représenté, paraît tourner dans l'air grâce aux lignes sinueuses qui évoquent les mouvements de balancier du rocking-chair. Il donne la sensation du mouvement dans le tableau.

Pablo Picasso,
Femme assise dans un rocking-chair, 1943.
Huile sur toile (162 x 130 cm), musée national d'Art moderne, Paris.

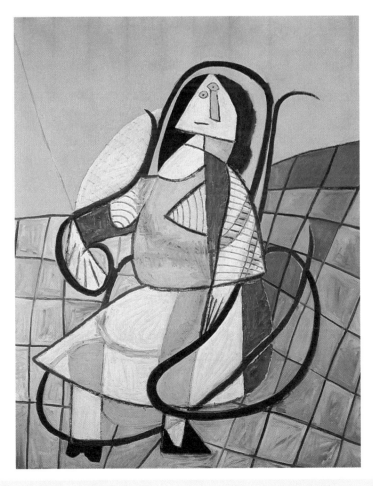

HISTOIRE

CATÉGORIES ET GENRES

ÉLÉMENTS PLASTIQUES

TECHNIQUES

LIRE UN TABLEAU

CONSERVER/EXPOSER

La forme

Le carré, le cercle et le triangle sont les trois formes géométriques primaires. Les autres formes géométriques plus complexes dérivent de ces trois figures. Les formes permettent de simplifier un motif, de fragmenter sa surface et de mettre en valeur le tracé régulateur de son contour (symétrie, rayonnement, etc.).

● Le tracé des formes primaires

■ En peinture, le terme de forme est généralement synonyme de surface et d'aplat. C'est une étendue peinte avec une seule couleur. Elle est délimitée par le contour d'un trait net ou par la ligne de rencontre avec une autre forme.

■ Il existe trois formes géométriques primaires qui sont à l'origine de toutes les autres :

– Le carré possède quatre côtés égaux qui lui donnent un caractère de stabilité et de solidité. Il se déploie dans l'espace verticalement et horizontalement. La répétition de cette forme sur une surface crée un effet d'occupation décorative de damier et de pavage. Les formes géométriques basées sur les lignes horizontales et verticales appartiennent à la famille des carrés : croix, rectangles, etc.

– Le triangle, avec ses trois côtés et ses angles aigus, est une forme vive, piquante et acide. Posé sur la pointe, il est très instable. Posé sur son plus grand côté, il est synonyme d'élévation symétrique vers le sommet du triangle. Les formes avec des lignes diagonales appartiennent à la famille du triangle : losange, trapèze, zigzag, etc.

– Le cercle est le mouvement par excellence. Il tourne et roule sur lui-même dans un mouvement continu. Symbole de la douceur et de la concentration, c'est la forme de l'univers et de l'infini sans limites. Naturellement décoratives, les formes ovoïdes, circulaires et sinusoïdales appartiennent à la famille des cercles.

● Les formes décoratives

■ Dans la peinture d'ornement, pour décorer une surface, le peintre compose un assemblage de formes géométriques. Il exprime les caractères principaux du motif et trace les traits essentiels de la forme. Il stylise et dessine l'image d'un contour, sans volume. Pour créer un puissant effet de clair-obscur, il dispose ces motifs sur un fond uni neutre. Il colorie, par exemple, des silhouettes noires sur un fond clair. Les formes se détachent avec force et sont mises en valeur par ce contraste.

■ La puissance et la densité d'une forme s'affirment dans la relation comparative qu'elles entretiennent avec les éléments de proximité. La répétition régulière d'une forme avec des intervalles constants étalonne et quadrille la surface de l'image. Elle crée un effet de papier peint plus ou moins dense qui repose l'œil. L'accumulation anarchique d'un motif stylisé provoque la sensation d'un rythme irrégulier qui opacifie la surface.

LE RYTHME DES FORMES

Paul Klee, **Rhythmisches,**
*1930. Huile sur toile de jute
(69,5 x 50,5 cm),
musée national
d'Art moderne, Paris.*

▪️ Mélodie colorée

Rhythmisches appartient à une série de tableaux peints par Paul Klee en 1930 sur le thème du rythme et de la musique. L'artiste cherche ici à transposer picturalement les cadences de la musique en nous donnant visuellement une sensation de tempo régulier. Il décide pour cela de peindre des formes géométriques pures disposées en lignes successives qui se lisent de gauche à droite, comme dans une portée musicale. Il crée ainsi un système d'alternance avec un seul type de forme rectangulaire et trois clartés ; toute autre forme et toute autre couleur sont éliminées.

▪️ Rythme à trois temps

Dans cette toile, Paul Klee imbrique successivement des rectangles verticaux et horizontaux. La matière picturale est travaillée avec des petits coups de couteau réguliers. Les formes noires, grises et blanches sont régulièrement répétées dans un ordre rigoureux à trois temps, jusqu'à la quatrième « ligne ». Ce rythme ternaire dynamise la composition et supprime le dessin de l'échiquier (rythme binaire) pour fonder l'équivalent plastique d'une figure musicale. L'irrégularité des contours donne une impression de sonorité et d'amplitude musicale.

HISTOIRE

CATÉGORIES ET GENRES

ÉLÉMENTS PLASTIQUES

TECHNIQUES

LIRE UN TABLEAU

CONSERVER/EXPOSER

La lumière

L'action de la lumière modèle le relief des figures et installe l'illusion de la profondeur dans le tableau. Pour mettre en valeur un détail ou une partie de la scène, l'artiste choisit avec soin la nature et la place de l'éclairage. La direction de la source lumineuse oriente le regard du spectateur sur un personnage ou un objet.

Les valeurs

En peinture, le terme de valeur désigne le taux de clarté du plus clair au plus sombre. Un ton de gris ou une couleur peuvent avoir une valeur claire et presque blanche ou une valeur sombre et très foncée.

La lumière naturelle et réaliste

Le peintre peut choisir un éclairage uniforme. C'est la lumière produite par un soleil moyen ou un ciel couvert. Elle traduit l'ambiance naturelle de notre vision de jour. La source lumineuse est en haut, dans le ciel, hors du tableau. Elle se diffuse régulièrement, sans découper les reliefs ni tracer des ombres expressives. Les rayons épousent le contour des objets, ils installent le climat d'une vision claire et limpide.

Le clair-obscur

Pour transcrire la délicatesse des matériaux et des volumes, le peintre utilise un éclairage en demi-teinte qui caresse le grain des surfaces. Il travaille les passages du clair à l'obscur avec une infinité de nuances, devant un fond neutre et sombre qui met en valeur les transitions de la lumière. Le modelé des objets et des personnages se détache sur un fond noir. L'arrière-plan du décor est dans l'obscurité.

L'éclairage

■ Pour dramatiser l'action et pour isoler un élément dans une scène, le peintre a besoin d'un fort contraste clair-obscur. Il accentue l'intensité de la source lumineuse et choisit de placer son sujet en pleine lumière. Les détails disparaissent au profit de l'effet graphique qui dessine la silhouette.

■ *Frontalement :* lorsque le peintre veut éviter d'avoir des zones sombres sur son sujet. La lumière vient de face, elle écrase les reliefs et aplatit les volumes. Elle lisse la forme et renforce le dessin du contour.

■ *Latéralement :* pour renforcer les effets de modelé et de volume, le peintre dispose la source lumineuse de façon à éclairer le motif de profil. Cet éclairage découpe les arêtes et sculpte les reliefs. Le jeu des ombres est à son maximum sous un angle d'éclairage de 45°.

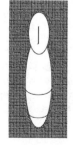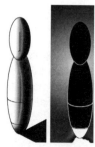

■ *Contre-jour :* un foyer lumineux est placé derrière le sujet, face au peintre. Dirigé vers l'observateur, il projette les ombres portées vers lui.

LE SOLEIL COUCHANT

Claude Gellée, dit le Lorrain, **Port de mer au soleil couchant,** *1639.*
Huile sur toile (103 x 137 cm), musée du Louvre, Paris.

■■ Un décor imaginaire

Claude Gellée peint des paysages idéalisés. Il invente des villes portuaires en juxtaposant dans ses tableaux différents bâtiments inspirés de l'architecture italienne de la Renaissance. À gauche, le palais aux quatre tours d'angle s'inspire de la villa Farnesina de Rome. Sur le fronton du petit temple, une horloge indique que la scène se déroule à 19 heures. Les personnages à droite au premier plan s'affairent à décharger les bateaux. Une rixe occupe le groupe central ; à gauche, des voyageurs sont installés sur des malles et un personnage assis dans une barque dessine.

Le Lorrain traduit des effets de dégradés dans l'atmosphère. Le ciel, bleu clair, est partielle-ment dégagé. Autour du soleil, la couleur est enroulée concentriquement. Elle se nuance progressivement du bleu à l'orangé.

■■ Un effet de contre-jour

L'artiste place le spectateur sur le rivage, en hauteur, face à la mer. Il dirige son regard vers le lointain avec le soleil couchant dans les yeux. À cette heure de la soirée, l'astre solaire est bas sur la ligne d'horizon, il est possible de le fixer des yeux. Le Lorrain crée un éclairage rasant qui renforce l'illusion de profondeur vers le large. Des éclats blancs tracent le sommet des courtes vagues. Les effets de contre-jour cisè-lent les mâts et les cordages des bateaux. Les ombres sont projetées vers le spectateur.

HISTOIRE

CATÉGORIES ET GENRES

ÉLÉMENTS PLASTIQUES

TECHNIQUES

LIRE UN TABLEAU

CONSERVER/EXPOSER

Les nuances de la couleur

Le physicien utilise les rayons transparents de la lumière. Le peintre travaille avec des matières plus ou moins opaques (liants, pâtes et pigments). Il mélange, fabrique et associe les tons et les nuances. Il décide de l'éclat et de la richesse des couleurs sur la toile : tons intenses et purs ou tons rompus et gris colorés.

● Le spectre des couleurs

Pour le physicien, la lumière solaire est « blanche » et, lorsqu'elle traverse un prisme régulier (volume en verre à section triangulaire), elle se décompose et crée les lignes de l'arc-en-ciel. On retrouve alors toujours la même succession de rayons colorés : rouge, orange, jaune, vert, bleu, violet.

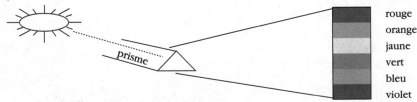

rouge
orange
jaune
vert
bleu
violet

● Le cercle chromatique

■ En peinture, il existe trois couleurs primaires (fondamentales) qui ne sont pas obtenues par le mélange d'autres couleurs : bleu, rouge et jaune. L'artiste peut les utiliser et les mélanger pour composer l'ensemble de toutes les teintes : 10 000 couleurs différentes sont perceptibles à l'œil.

■ Les couleurs secondaires (orange, violet, vert) sont obtenues par le mélange des couleurs primaires deux à deux, en quantité égale : jaune + rouge = orange ; rouge + bleu = violet ; bleu + jaune = vert.

● Les caractéristiques d'une couleur

■ La *teinte* d'une couleur détermine sa place parmi les autres couleurs sur le cercle chromatique.

■ Une couleur est dite *saturée* lorsqu'elle est pure.

■ Le *ton* d'une couleur définit son degré de clarté (bleu clair, bleu foncé).

■ Les *nuances* sont les degrés successifs de variation d'une même couleur.

■ Les couleurs *chaudes* se rapprochent du jaune, du rouge et de l'orangé.

■ Les couleurs *froides* se rapprochent du bleu et du vert.

■ Pour *rompre* ou *casser* une couleur, on la mélange avec du blanc, du noir, du gris ou avec sa couleur complémentaire.

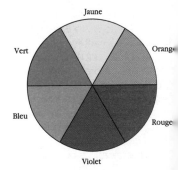

Jaune
Vert
Orange
Bleu
Rouge
Violet

COULEURS ET FORMES

Kandinsky, **Jaune-Rouge-Bleu,** *1925.*
Huile sur toile (128 x 201,5 cm),
musée national d'Art moderne, Paris.

◄■ Kandinsky

Kandinsky peint, de part et d'autre du tableau, deux masses principales sur un fond clair. La couleur jaune domine dans la partie gauche, qui est angulaire et rayonnante. Le rouge et le bleu se répartissent à droite, dans un rectangle (rouge) et un cercle (bleu). Pour Kandinsky, la chaleur absolue d'une couleur est obtenue grâce au jaune, « couleur terrestre ». Le froid absolu vient du bleu, « couleur céleste ». Initiateur de l'art abstrait, Kandinsky met en relation les couleurs et les formes. Dans ses traités théoriques sur la couleur, Kandinsky associe aux trois couleurs primaires trois formes primaires : triangle jaune, cercle bleu, carré rouge. « Des couleurs aiguës font mieux retentir leurs qualités dans une forme pointue (jaune, triangle). Les couleurs profondes se trouvent renforcées par des formes rondes (bleu, cercle). »

◄■ L'interaction des couleurs

La juxtaposition des trois couleurs primaires dans une même peinture abstraite crée un puissant effet de profondeur dans l'espace du tableau. Visuellement les teintes jaunes et claires donnent l'impression d'être transparentes et légères tandis que les couleurs bleues et sombres semblent opaques et lourdes. Les nuances de rouges sont plus stables, elles occupent une position médiane. Pour composer une peinture abstraite l'artiste agence avec soin l'emplacement des couleurs. Chaque forme colorée donne en effet l'illusion de s'éloigner ou s'approcher du spectateur selon sa position par rapport aux autres. Les teintes jaunes occupent ainsi tantôt le premier plan de l'image où elles brillent et étincellent, tantôt l'arrière-plan du décor où elles mettent en avant les formes rouges et bleues.

HISTOIRE

CATÉGORIES ET GENRES

ÉLÉMENTS PLASTIQUES

TECHNIQUES

LIRE UN TABLEAU

CONSERVER/EXPOSER

Les effets colorés

L'artiste organise et met en relation les couleurs les unes avec les autres. Il multiplie à volonté le nombre des couleurs sur la toile. Il combine des contrastes colorés dans une volonté expressive d'opposition et de confrontation. Il agence des harmonies colorées dans un souci d'alliance et d'équilibre.

● Les contrastes de couleurs

■ Il y a contraste lorsque deux couleurs s'opposent et se mettent en valeur réciproquement. L'expressivité d'un contraste résulte de la confrontation de deux couleurs éloignées. Les couleurs voisines produisent des contrastes moins intenses.

■ *Contraste de la couleur en soi.* Des couleurs pures assemblées entre elles créent un contraste multicolore. Il est amplifié par l'usage des trois couleurs primaires. Les impressionnistes juxtaposent souvent dans un même tableau du rouge, du jaune et du bleu.

■ *Contraste de valeur.* Des couleurs claires et sombres sont employées simultanément dans l'intention de faire une opposition entre la lumière et l'ombre. Ce contraste est utilisé par les peintres pour produire des effets de clair-obscur.

■ *Contraste de qualité.* Des couleurs pures et saturées (vives) sont combinées avec une ou plusieurs couleurs dégradées ou grisées. Les peintres contrastent les couleurs claires et lumineuses avec un fond de couleur rabattue.

■ *Contraste de quantité.* Des effets de couleurs sont créés en modifiant la dimension des surfaces colorées (exemple : poser une petite tache colorée au milieu de l'étendue d'un aplat uni d'une autre couleur).

■ *Contraste des complémentaires.* Deux couleurs diamétralement opposées sur le cercle chromatique sont mises en opposition. Les peintres fauves ont utilisé cette confrontation spectaculaire pour faire « surgir » le motif du centre du tableau.

■ *Contraste chaud-froid.* Des couleurs chaudes (orangé, rouge) sont combinées à des couleurs froides (bleu, vert). L'opposition de ces deux températures de couleurs crée un étrange effet de répulsion réciproque qui met en valeur successivement une sensation de chaleur et de froid.

■ *Contraste simultané.* La teinte d'une couleur est influencée par la teinte de la couleur environnante. Notre œil, dans la perception d'une couleur donnée, réclame la couleur complémentaire. À proximité d'une surface colorée bleue, un fragment de « couleur » grise prend virtuellement la teinte de la complémentaire du bleu, l'orangé.

● L'harmonie des couleurs

■ L'expression « harmonie colorée » désigne une organisation de la gamme chromatique utilisée dans un tableau. Pour composer une harmonie colorée, le peintre associe différentes couleurs selon des règles de proportions et d'expressivité. Il choisit une couleur dominante qu'il nuance en la mélangeant avec les couleurs voisines du cercle chromatique, ou avec la complémentaire de la couleur dominante, ou avec du blanc, du noir, du gris.

■ L'harmonie d'un tableau peut être réalisée avec une gamme de couleurs où dominent les couleurs chaudes (rouge, jaune) ou les couleurs froides (bleu, vert). Le peintre peut aussi nuancer sur la toile une seule variété de tons bruns et grisés.

■ Un camaïeu est une harmonie colorée qui nuance une seule et même couleur.

LES COULEURS COMPLÉMENTAIRES

◤ La complémentaire

Chaque couleur possède sa couleur complémentaire.

Deux couleurs complémentaires sont à l'exact opposé sur le cercle chromatique.

Pour le bleu ⟹ orange (jaune + rouge).
Pour le rouge ⟹ vert (jaune + bleu).
Pour le jaune ⟹ violet (bleu + rouge).

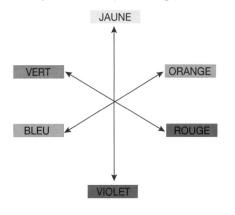

◤ Les contrastes des complémentaires

Le contraste orange et bleu se renforce d'une opposition de chaud et de froid. Le contraste jaune et violet se double d'un effet de clair-obscur. Le contraste vert et rouge est le plus équilibré entre deux couleurs de même intensité.

Van Gogh, dans *La Méridienne*, peint le ciel et les vêtements des paysans dans des variations de bleu froid et clair qui s'opposent au jaune orangé des meules brûlées par le soleil de midi. Les nuances des couleurs ondulent sur tout le tableau comme sous l'effet d'un mirage de chaleur.

Jaune	Violet
Orange	Bleu
Rouge	Vert

Vincent Van Gogh, La Méridienne, 1889-1890. Huile sur toile (73 x 91 cm), musée d'Orsay, Paris.

HISTOIRE

CATÉGORIES ET GENRES

ÉLÉMENTS PLASTIQUES

TECHNIQUES

LIRE UN TABLEAU

CONSERVER/EXPOSER

Textures et effets de matière

Peindre la texture d'un objet ou d'un matériau, c'est représenter son apparence matérielle. Le peintre adapte ses outils et ses gestes à l'effet désiré. Il transcrit visuellement une sensation tactile.

● Matériaux et textures

■ Pour représenter l'aspect de la matière, le peintre agence et ordonne des indices visuels qui expriment les caractéristiques optiques et tactiles des matériaux. Il transcrit le « perceptible » des boucles pelucheuses de la laine, des veines satinées du bois ou de l'éclat translucide du marbre.

■ L'organisation répétitive des formes et des éléments à la surface d'un matériau crée un effet de trame : la texture. Dans la peinture, elle traduit visuellement une sensation tactile : bosselé, rugueux, soyeux, etc.

● La touche picturale

■ C'est la façon de poser la peinture sur la toile. Elle se caractérise par l'outil utilisé : pinceau, brosse, couteau, etc., par le geste et par la consistance de la peinture. La touche est morcelée ou unie, hachurée ou plate, fine ou épaisse.

■ Les coups de pinceau de la peinture à l'huile peuvent rester invisibles et la surface du tableau être lisse comme de la porcelaine. Ingres conseille de finir sa peinture en la polissant avec un chiffon doux.

■ Les impressionnistes travaillent avec des gestes secs et rapides. Ils décomposent le tableau en une succession de petites touches rythmées et nerveuses. L'artiste dilue les contours, éclate la forme et fragmente les couleurs. La peinture est dans l'épaisseur du tableau, jusqu'au cœur de la matière peinte.

Trois peintres, trois touches picturales

P. Cézanne   *P. Signac*   *G. Braque*

● Les effets de matière

■ Depuis le début du XXᵉ siècle, avec le développement de l'art abstrait et l'apparition des premiers collages, les artistes s'éloignent des constituants traditionnels de la peinture. Ils se tournent délibérément vers la dimension sensorielle et tactile de l'image peinte.

■ Pour créer des effets de matière sur la toile, ils agglutinent des pigments colorés, des vernis, des colles, des ciments et des matières à l'état brut, qu'ils peuvent ensuite travailler dans l'épaisseur. Ils expérimentent ainsi de nouvelles textures et utilisent des matériaux insolites : limaille de fer, sable, carton.

■ La couche picturale devient un matériau composite que les artistes modèlent et sculptent comme un bas-relief. Elle est travaillée à la main, découpée aux ciseaux, grattée avec des truelles, des clous, des fourchettes, etc.

TRANSCRIRE LES MATÉRIAUX

Max Ernst,
**Vision
provoquée
par l'aspect
nocturne
de la porte
Saint-Denis,
1927.**
*Huile sur toile
(65 x 81 cm),
collection
particulière.*

■■ Les nouvelles techniques de Max Ernst

Au début des années 20, Max Ernst veut affirmer les effets du hasard dans la création d'un tableau. Il développe différentes techniques qui exploitent très librement la richesse plastique des textures naturelles et des effets de matière qui nous entourent.

■■ Le frottage

Max Ernst promène une mine de crayon très tendre sur une grande feuille de papier. Celle-ci est posée sur des objets qui présentent de légères aspérités (feuille d'arbre). Sous l'action de ce frottage répétitif, les objets inscrivent la marque de leur structure sur la feuille. Le papier devient une seconde peau qui témoigne de l'aspect matériel et tactile de l'objet frotté.

■■ Le grattage

L'artiste peint différentes flaques de couleurs vives et claires sur une toile. Il pose ensuite cette toile colorée sur un faible relief (planche de bois). Il met de la peinture noire sur ces taches de couleurs qu'il racle aussitôt avec le tranchant d'un couteau à peindre. Il gratte ainsi les aspérités du relief (à travers la toile) pour en imprimer la trace par-dessus les taches colorées lumineuses.

■■ La décalcomanie

Max Ernst recouvre une surface lisse (verre) avec différentes couleurs liquides et gluantes. Il appuie ensuite sa toile blanche sur cette surface. Il y imprime différents effets de pression en tapotant avec ses mains et en dessinant avec ses doigts sur la toile. Il récupère ainsi des taches informelles qu'il exploite ensuite picturalement.

HISTOIRE

CATÉGORIES ET GENRES

ÉLÉMENTS PLASTIQUES

TECHNIQUES

LIRE UN TABLEAU

CONSERVER/EXPOSER

Les outils

Du pinceau primitif du peintre de la préhistoire à celui du xxᵉ siècle, il y a peu de différences, si ce n'est qu'il s'est perfectionné et que la gamme s'est élargie. Si désormais les outils traditionnels se doublent d'objets et d'outils non destinés à la peinture, l'aménagement de l'atelier a peu changé.

● Les pinceaux et les brosses

■ Les pinceaux (de section ronde) sont montés en poils de martre, petit-gris ou putois ; leur pointe effilée convient à toutes les peintures. Les pinceaux en poils de martre, reconnaissables à leur couleur rouge, sont les meilleurs ; ils offrent un glissé exceptionnel, et leur fort pouvoir d'absorption d'eau en fait « l'outil » de l'aquarelliste.

■ Les brosses, de section ronde ou plate, à poils longs ou courts, sont utilisées pour toutes les techniques. Le peintre les choisit en synthétique, en soies de porc ou en poils de martre. Ces derniers, plus souples, n'entraînent pas les mêmes effets. Pour les grands formats, il utilise fréquemment des spalters, larges brosses plates utilisées dans le bâtiment. Certains de ces outils présentent des formes particulières, comme la brosse langue de chat, que l'aquarelliste utilise pour les aplats de couleur et les lavis, la brosse à pochoir ronde et drue et la brosse éventail, employée pour les glacis et les effets de matière (marbres, bois, etc.).

Spalter   *Brosse langue de chat*   *Brosse à pochoir*   *Brosse éventail*   *Pinceau lavis*

● Les couteaux et truelles à peindre

Ces outils, souvent en forme de truelle de maçon, servent à gratter la surface peinte et la palette, mais également à peindre.

● Les outils spécifiques

■ La palette et le chevalet sont indissociables du métier de peintre. Pourtant, aujourd'hui, certains peintres préfèrent une planche de Formica, sur laquelle ils étalent et mélangent leurs couleurs, à la palette traditionnelle en acajou.

■ L'aérographe et le pistolet à peinture vaporisent la couleur, ainsi que le soufflographe (ou soufflette), destiné à vaporiser le fixatif sur le pastel ou le fusain.

■ L'estompe du pastelliste, sorte de bâton de buvard roulé, réalise les passages en douceur d'une couleur à l'autre par de légers frottages. Elle s'accompagne de gomme mie de pain (à l'origine, de la mie de pain malaxée), une sorte de mastic qui efface pastel et fusain sans « graisser » le support.

L'ATELIER DU PEINTRE

◼ Un lieu de travail et de vie

L'atelier est à la fois un lieu de travail et un endroit où le peintre se documente, se repose et reçoit des amis. Cette pièce nécessite une lumière naturelle suffisante, régulière et sans contraste. Une ouverture zénithale, légèrement orientée vers le nord, présente une exposition parfaite, mais une large baie offrant un éclairage latéral est convenable à condition que la lumière arrive par la gauche, pour éviter les ombres portées de la main (pour un droitier). Les peintres ont de tout temps travaillé à la lumière artificielle des bougies, du bec de gaz ou de l'électricité. Cette lumière trop directe a l'inconvénient d'accentuer exagérément l'effet de contraste des couleurs. Son éclat demande à être tempéré par l'installation de plusieurs sources lumineuses.

◼ Les outils

Le chevalet, pièce maîtresse de l'atelier du peintre jusqu'au milieu du XXe siècle, tend à disparaître chez les peintres qui pratiquent les grands formats au profit de la pose du support au sol ou de l'accrochage direct sur le mur. La palette demeure indispensable, tout comme la présence d'un meuble, pour poser la couleur, les outils et quantité d'objets propres à chaque peintre, et d'une table pour dessiner et poser les documents. Un fauteuil confortable fait traditionnellement partie de l'installation.

L'atelier de Gérard Garouste en 1994.

Frédéric Dazille,
L'Atelier de Bazille, 1870.
Huile sur toile
(98 x 128 cm),
musée d'Orsay, Paris.

HISTOIRE

CATÉGORIES ET GENRES

ÉLÉMENTS PLASTIQUES

TECHNIQUES

LIRE UN TABLEAU

CONSERVER/EXPOSER

Les supports

Le support, ou subjectile, est la surface sur laquelle l'artiste peint. Selon la fonction de la peinture, un support, autonome ou non, s'impose au peintre. La nature du support, sa souplesse ou sa rigidité déterminent les techniques de préparation, l'aspect et la pérennité de la couche picturale.

Les supports rigides

Les supports non autonomes sont les plus anciens. Ils comprennent les peintures réalisées sur des objets ayant une fonction déterminée : les sarcophages égyptiens (sépultures), les vases grecs, les médaillons (portraits), les meubles, les polyptyques, les parois (Lascaux) et les murs d'édifices religieux (peintures médiévales, fresques) ou non (murs peints des artistes du XXe siècle, Cueco, Morellet…).

Sur les supports autonomes, la peinture devient un objet en soi, que l'on peut emporter, poser ou accrocher au mur. L'artiste a multiplié les tentatives de supports et peint sur le bois, le verre, l'ivoire, l'albâtre, le marbre, les surfaces métalliques. Aux subjectiles « nobles » se sont ajoutées autant de propositions que de regards d'artistes sur les nouveaux matériaux et l'environnement immédiat : le plastique, le contreplaqué, les agglomérés, le bois flotté, etc.

Les supports semi-rigides

Pour peindre, conserver et consolider des esquisses ou des œuvres achevées, les artistes (Rubens, XVIIe siècle ; Picasso, XXe) et les restaurateurs ont eu recours au marouflage. Cette opération consiste à coller un support jugé trop souple, comme le papier ou la toile, sur une surface plus résistante que le support initial. Pour ce doublage, on utilise fréquemment le carton, une toile forte ou le bois. Des cartons entoilés tous formats et prêts à l'emploi peuvent actuellement être achetés tout faits.

Les supports souples

Les supports non autonomes, tels le parchemin et le papier des livres, pourtant destinés à être feuilletés, sont, par nature, des supports fragiles : ils se dilatent selon la température ambiante ; de plus, leur vulnérabilité à l'hygrométrie et aux bactéries représente autant de risques de mise en péril de la surface picturale.

La toile est un support autonome. La toile de lin apparaît au XVe siècle chez les peintres vénitiens. Moins solide qu'un support rigide, car elle peut être crevée, déchirée, attaquée par des moisissures, elle offre néanmoins des avantages : il est possible de la rouler, de la plier, de la maroufler ou de la tendre sur un châssis, qu'elle soit peinte ou non. Selon les effets escomptés, le peintre choisit une toile à texture plus ou moins fine. De nos jours, l'artiste a le choix du format. Autrefois, la largeur dépendait de celle du métier à tisser ; une toile de grand format était obtenue par la couture de lés supplémentaires. Ainsi, le plus grand tableau du Louvre, *Les Noces de Cana*, de Véronèse, est constitué de six bandes finement cousues.

Depuis la fin du siècle dernier, le peintre s'est approprié les supports les plus imprévus, tels le carton (Degas, 1834-1917), la toile d'un paravent (Vuillard, 1868-1940), une serpillière (Picasso, 1881-1973), une nappe (Polke, né en 1941), des enveloppes postales *(art-mail)*, sans pour autant abandonner la toile de lin.

LE SUPPORT, UN ÉLÉMENT PICTURAL

La toile

Alors que la dentellière est traitée d'une pâte couvrante (fluidité et soyeux des galons), le fond, brossé d'un frottis bleuté (mince couche de peinture brossée à sec), laisse largement visible la trame de la toile qui est à la fois support et élément de l'œuvre peinte.

Vermeer, **La Dentellière**, *non daté.*
Huile sur toile (24 x 31 cm),
musée du Louvre, Paris.

Le coton damassé

Dans *Cameleonardo da Willich,* de Sigmar Polke, le coton damassé, qui est le support, est également utilisé comme élément pictural en relief. Le peintre théâtralise sa mise en scène, il installe un drapé (en trois dimensions dans cette œuvre), à l'image des tentures savamment composées qui accompagnent les portraits d'apparat, la peinture de nus et d'intérieurs dans l'histoire de l'art (*Louis XIV* de Rigaud, *La Vénus au miroir* de Vélasquez, *L'Atelier du peintre* de Vermeer).

Polke, **Cameleonardo da Willich**, *1979.*
Acrylique sur coton damassé (110 x 205 cm),
musée national d'Art moderne, Paris.

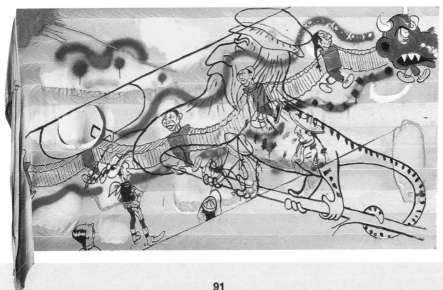

HISTOIRE

CATÉGORIES ET GENRES

ÉLÉMENTS PLASTIQUES

TECHNIQUES

LIRE UN TABLEAU

CONSERVER/EXPOSER

La préparation d'une toile

Traditionnellement, tout support, toilé ou non, reçoit avant d'être peint une préparation qui permet d'en réduire l'effet absorbant, de supprimer les irrégularités tout en lui permettant de réfléchir la lumière. Cette préparation blanche ou colorée est appliquée en deux temps après le choix et le montage de la toile.

● Choix et montage de la toile

■■■ On désigne sous le nom de toile tout tissu utilisé comme support pictural. De nouveaux tissus (jute, toile de verre, etc.) se sont ajoutés au coton, au chanvre ou au lin habituellement utilisés par les peintres. Le meilleur support est une toile de lin au tissage irrégulier et sans nœuds. Présentée en rouleaux, elle se vend au mètre pour être ensuite tendue sur châssis.

■■■ De nombreux artistes fabriquent eux-mêmes leurs châssis, choisissant ainsi leur format. La toile coupée de façon à déborder de 5 cm tout autour du châssis est ensuite tendue à l'aide d'une pince spéciale et fixée aux quatre coins puis clouée sur le bord ou le revers. Les grandes toiles possèdent un système de tension (ressorts ou lacets).

● L'encollage

■■■ L'encollage réduit le pouvoir absorbant du support. On utilise des colles animales en plaques (colle de peau de lapin, rognures de cuir) ou liquides (colle de poisson). Des granulés d'os, de cartilage, du lait en poudre (colle à la caséine) sont également utilisés. Une bonne colle a l'aspect d'un gel et adhère bien au support.

■■■ Préparation de la colle de peau : prévoir 7 volumes d'eau pour 1 de colle. Effriter la plaque et saupoudrer les brisures dans très peu d'eau froide, mélanger et introduire peu à peu le reste de liquide, chauffer à feu doux tout en remuant sans bouillir ! Étaler au gros pinceau cette colle encore très chaude sur la toile. Cette préparation ne se conserve pas.

■■■ Colle de caséine : mêmes proportions que dans la préparation précédente (un volume de colle pour sept d'eau). Dissoudre la poudre dans un peu d'eau tiède, puis ajouter l'eau froide tout en remuant. Cette colle jaunit avec le temps.

● L'enduit

■■■ De l'enduit, couche finale appliquée au support, dépendent l'aspect et la qualité de la surface à peindre. Celle-ci peut être parfaitement lisse ou granuleuse par adjonction de matériaux divers (sable, sciure, etc.). Cela permet de garder le granité de la toile.

■■■ L'enduit peut être coloré pour unifier un ensemble ou apporter de l'éclat à une couleur. Ainsi, l'or posé sur fond rouge, appelé assiette, donne un or plus riche.

■■■ L'enduit se prépare à froid ou à chaud. À froid : 7 volumes de blanc de céruse, 6 de white-spirit et 1 d'huile de lin non cuite. Pour un mélange homogène, verser le white-spirit sur la poudre, puis l'huile de lin. À chaud : 1 vol. de blanc d'Espagne ; 1 vol. d'oxyde de zinc ; 1 vol. de colle de peau très chaude ; à peine 1/2 vol. d'huile de lin non cuite. Bien mélanger les poudres, ajouter un peu de colle jusqu'à l'obtention d'une pâte, l'huile de lin, puis le reste de colle. Enduire rapidement le support de cette pâte brûlante. Les enduits prêts à l'emploi (onéreux) sont d'un emploi plus aisé.

LE CHÂSSIS

▪■ Le montage du châssis à l'agrafeuse

Le châssis est une sorte de cadre plat sur lequel est montée la toile (pointée ou agrafée) ; les bords en contact avec celle-ci sont légèrement arrondis ; les deux diagonales intérieures sont égales. Une entretoise posée en décalage évite le contact de la toile et consolide le châssis.

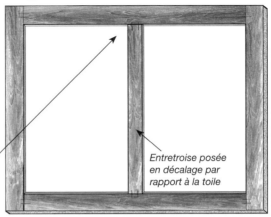

Bord du châssis en contact avec la toile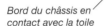

Entretroise posée en décalage par rapport à la toile

Montage à l'agrafeuse - bords droits

▪■ Le châssis à clés

Les montants les plus résistants sont assemblés en tenons et mortaises. Les toiles de grand format, plus sensibles aux variations d'humidité, « jouent » davantage ; les clés du châssis les retendent ou leur donnent de la souplesse.

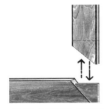

Coin à tenon et mortaise

Clés à enfoncer pour tendre la toile

Châssis à clés

▪■ Le montage de la toile aux angles du châssis

Cloutage des angles

Toile agrafée dans les angles du châssis

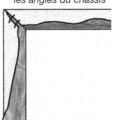

HISTOIRE

CATÉGORIES ET GENRES

ÉLÉMENTS PLASTIQUES

TECHNIQUES

LIRE UN TABLEAU

CONSERVER/EXPOSER

Pigments, couleurs et vernis

Une couleur est composée de pigments broyés puis mélangés à un liant. À l'origine minérales et organiques, les couleurs, grâce à la chimie, sont aujourd'hui plus stables, moins onéreuses et ont perdu de leur toxicité. Le vernis protège la peinture et contribue ainsi à sa pérennité.

● L'origine des pigments

■ Quelle que soit son origine, la matière colorée est finement broyée (actuellement, mécaniquement, auparavant, au mortier), puis mélangée au liant.

■ Les pigments d'origine minérale sont le blanc, obtenu à partir de la craie, autrefois le bleu lapis-lazuli (pierre fine d'un bleu intense), les ocres et les terres, brunes ou vertes. Les terres sont naturelles (crues) ou brûlées. Soumises à des températures très élevées, elles gardent leurs caractéristiques colorées, mais deviennent plus chaudes et transparentes.

■ Les pigments d'origine organique proviennent d'extraits de plantes ou de substances animales : l'indigo, tiré de l'indigotier ; le sépia, issue de la seiche ; le noir de fumée, quant à lui, résulte de la semi-combustion de bois et de goudron.

■ Les droguistes puis les chimistes ont supplanté la nature en offrant aux peintres des pigments artificiels, stables (solides à la lumière) et plus économiques à l'achat.

● La couleur

■ Il existe un nom pour chaque couleur, qui peut être différent d'un fabricant à l'autre. Par exemple, le rouge de garance est aussi appelé rouge d'alizarine. Le nom évoque le plus souvent la couleur : ocre *rouge* ; la provenance, terre de *Sienne, ombre* naturelle (du nom de la région de l'Ombrie, en Italie) ; le nom d'un peintre : vert *Véronèse* (vert fabriqué au XIXe siècle !).

■ Une couleur dite fugace résiste mal à la lumière et au temps (assombrissement, perte d'éclat, changement de coloration) et ne supporte pas les mélanges à d'autres couleurs.

■ La couleur possède un pouvoir de coloration fort lorsqu'une pointe de couleur suffit à en teinter puissamment une autre (par exemple, le bleu de Prusse), un pouvoir de coloration faible dans le cas inverse.

■ On parle également de pouvoir couvrant opacifiant ou transparent de la couleur. C'est une qualité qu'il est utile de connaître pour poser un glacis (couleur transparente destinée à enrichir la coloration de celle sur laquelle elle est appliquée).

● Les vernis : fonctions et effets recherchés

■ Le vernis contribue au fini et à la pérennité de l'œuvre. Composé de résines naturelles ou synthétiques, il facilite la tenue de la couche picturale, la protège de l'humidité, ravive les couleurs et unifie les différences de brillance.

■ Le vernis à retoucher, très siccatif, contient peu de résine et permet de rectifier les embus d'une peinture à l'huile, zones mates de la toile car pauvres en liant.

■ La peinture sèche peut recevoir un vernis de finition, mat, satiné ou brillant selon l'effet recherché. Il n'est pas définitif ; le vernis jaunit et s'encrasse en vieillissant, on doit pouvoir le dissoudre à l'aide d'un solvant, par souci de réversibilité.

BIEN CHOISIR SES COULEURS

De la préhistoire au XIXᵉ siècle, les peintres ont broyé leurs couleurs. De nos jours, de nombreux artistes préparent encore eux-mêmes leurs mélanges colorés, même si les couleurs sont fabriquées industriellement.

Couleurs de base	Coloration Qualités	Équivalence	Utilisation possible
Jaune de cadmium moyen	Pâle et puissant.	Jaune de chrome (fugace et toxique).	Couleur franche.
Jaune citron	Couleur froide. Peu stable, peu siccative.		Verts subtils, en mélange au bleu cobalt ou outremer.
Ocre jaune	Couleur chaude et dorée. Opaque.		Indispensable à de nombreux mélanges : verts multiples, bleus.
Sienne naturelle	Brun-ambré opaque. Très siccative.		Irremplaçable dans les glacis et la carnation.
Sienne brûlée	Brun chaud. Transparente-siccative.		Assombrissement des mélanges et glacis.
Ombre naturelle	Brun doré. Très siccative. Transparente.		Très utilisée en sous-couches (zones sombres).
Ombre brûlée	Brun foncé chaud. Très siccative.		Souvent en sous-couches.
Gris Payne	Gris froid.		Utile dans les mélanges. Colore les ombres, adoucit la couleur.
Noir d'ivoire	Chaud, coloré. Semi-transparent.		À éviter en mélange. Ajouté au jaune de cadmium, donne de beaux verts.
Blanc de titane	Très blanc, opaque. Peu siccatif.	Blanc de céruse (à base de plomb : toxique).	Ne pas utiliser en sous-couches en raison de sa faible siccativité.
Rouge cadmium	Orangé vif lumineux. Opaque, peu siccatif.	Vermillon.	– Belle gamme d'orangés, en mélange au jaune de cadmium. – Ajouté aux bleus, donne des bruns mats.
Carmin d'alizarine	Riche et sombre. Puissant colorant.	Rouge de garance.	Glacis et violets somptueux.
Bleu outremer	Bleu-violet. Semi-transparent, peu siccatif.	Lapis-lazuli. Couleur la plus chère.	Violets lumineux en mélange au carmin d'alizarine et verts subtils mélangé aux jaunes.
Bleu cobalt	Vif.		Utile dans les ciels clairs et en touches dans la sienne naturelle pour la couleur de la chair.
Bleu de Prusse	Bleu froid. Très colorant, peu stable.	Bleu Windsor (plus stable). Bleu de Paris.	Ciels chargés.
Bleu céruléum	Tire vers le vert. Opaque, siccatif.		Bon complément à la palette des bleus.
Vert de vessie	Vert jaune. Semi-transparent.		Indispensable dans les paysages.
Vert émeraude	Vert bleuté.		En glacis sur le rouge de cadmium, donne un brun foncé profond.

HISTOIRE

CATÉGORIES ET GENRES

ÉLÉMENTS PLASTIQUES

TECHNIQUES

LIRE UN TABLEAU

CONSERVER/EXPOSER

Détrempe et tempera

Il existe fréquemment une confusion entre les deux termes de détrempe et tempera. La détrempe, du verbe détremper, donc mouiller, est une peinture composée de pigments liés de colle étendue d'eau. La tempera ajoute au procédé de la détrempe un liant huileux, le jaune d'œuf.

● La peinture à la détrempe

▬ La détrempe est une peinture à la colle. La cohésion, ou liant des pigments broyés, est assurée par une colle animale ou végétale (eau gommée), et l'eau en est le diluant.

▬ Ce procédé de peinture est le plus ancien que l'on connaisse et fut employé par les civilisations méditerranéennes comme l'Égypte, les Étrusques, la Grèce et Rome. Le Moyen Âge lui accorde une place prépondérante : il participe au décor des manuscrits et à la réalisation des fresques.

▬ De nos jours, deux peintures à la détrempe sont utilisées : l'aquarelle et la gouache. L'aquarelle, composée de pigments très fins et d'une faible quantité de liant, allie transparence et luminosité à des couleurs somptueuses. La gouache, plus riche en liant, s'avère couvrante (opaque) grâce à l'ajout ou charge de craie pulvérisée.

● La tempera

▬ Ce procédé désigne exclusivement la peinture à l'œuf. De tout temps, les artistes ont expérimenté l'ajout de liant à leur peinture : lait de figue, caséine, œuf entier, blanc ou jaune d'œuf additionné de vinaigre… L'huile et l'eau n'étant pas miscibles, le peintre, pour incorporer le jaune d'œuf (corps huileux) à la détrempe (corps aqueux), les émulsionne et obtient une pâte à la consistance voisine de la peinture à l'huile. Le mélange obtenu est une peinture opaque qui sèche rapidement (siccative) par oxydation. La tempera offre au regard une surface dure et brillante, voisine de la matière de la peinture à l'huile. En outre, elle présente une grande fraîcheur de coloris et, en atmosphère sèche, une bonne résistance.

▬ La tempera est toujours utilisée par les artistes qui perpétuent la miniature et l'enluminure, et continue à séduire les artistes (Serge Poliakoff, 1906-1969).

● La mise en œuvre

▬ Les deux techniques exigent des supports parfaitement lisses. Le mur destiné à recevoir la détrempe est enduit de plâtre puis encollé, avant d'être poncé. La toile ou le bois sont préparés de la même façon. Le peintre applique plusieurs couches de craie ou de plâtre mêlés à une colle animale. Une fois qu'elles sont sèches, il les ponce et les polit. La surface ainsi préparée présente l'aspect lisse de l'ivoire.

▬ La rapidité de séchage de ces peintures à l'eau rend impossible le travail « dans le frais ». L'artiste doit allier travail rapide et virtuosité dans la recherche d'effets plastiques. La tempera permet le modelé par superposition de couches et de glacis (jaune d'œuf chargé de peu de couleur). La détrempe exige la juxtaposition de valeurs différentes, puis un fondu réalisé à la brosse ou au pinceau humide avant que l'eau ne s'évapore (passage en douceur d'une valeur ou d'une couleur à l'autre). La superposition d'une couleur fraîche sur une autre entraîne la remontée despigments de la couche inférieure à la surface du tableau.

LE MAÎTRE DE LA TEMPERA : FRA ANGELICO

Fra Angelico,
Le Couronnement de la Vierge,
1434-1435.
Tempera sur bois (239 x 210 cm),
musée du Louvre, Paris.

■ Le modelé traduit l'illusion du volume

Fra Giovanni da Fiesole, dit Fra Angelico (v. 1400-1455), est un frère dominicain qui débute son activité en tant que peintre de miniatures. Il fut considéré de son vivant comme le plus grand artiste florentin de son temps. Son raffinement et son grand art, au service d'une haute spiritualité, n'ont d'égale que la parfaite conservation de son œuvre : la luminosité et la fraîcheur des couleurs sont intactes.

Chaque artiste possède un souci du détail et des techniques qui lui sont propres. Ces caractéristiques, une fois repérées, peuvent être les indices d'identification d'un peintre. La tempera, très siccative par l'ajout du jaune d'œuf, contraint le peintre à une rapidité d'exécution guidée par un savoir-faire d'exception. Si le séchage rapide de la matière picturale est un atout dans l'exécution du carrelage peint en perspective, en revanche il ne permet aucun repentir (changement d'intention ou correction). Fra Angelico crée l'illusion du volume grâce à des aplats de valeurs différentes qu'il juxtapose. Il use également de ce jeu de valeurs pour structurer les marches en marbre de l'escalier, mais la technique en est différente, l'artiste « dessine » les surfaces de la pointe du pinceau. Des lignes sombres creusent l'image et suggèrent la troisième dimension des mains, du rebord des marches... Un modelé rond sculpte les visages (particulièrement les cous) et les drapés qui enveloppent les épaules et les talons, tandis qu'un jeu de fines hachures claires structure les chevelures et adoucit les passages d'une couleur ou d'une valeur à l'autre.

HISTOIRE

CATÉGORIES ET GENRES

ÉLÉMENTS PLASTIQUES

TECHNIQUES

LIRE UN TABLEAU

CONSERVER/EXPOSER

La gouache

Gouache, de l'italien *guazzo*, signifie « gâcher », « mouiller », d'où son nom de peinture à l'eau. L'eau additionnée de gomme arabique lie les pigments. Peinture par excellence, elle reste le matériau pictural privilégié des enfants et des artistes pour sa rapidité d'exécution et l'éclat de ses couleurs.

Les caractéristiques

La gouache, peinture à l'eau (détrempe), existe sous trois aspects : en pâte, liquide et en poudre. Cette présentation tient à la composition : absence de liant (gouache en poudre) ; faible quantité de liant (pâte). Le marchand de couleurs propose deux qualités : fine ou extra-fine ; cette dernière, broyée plus finement, offre une pâte riche et crémeuse et un « glissé » d'application agréable. Les étoiles ou les numéros de série, selon la marque, indiquent la résistance à la lumière (*** : grande stabilité).

La gouache sèche est conditionnée sous forme de pastilles rangées dans un rail. Épaisse, elle se présente en pots et en tubes de 10 à 220 ml. Fluide, elle est vendue en flacons de 250 à 1 000 ml, et en pots de 250 à 1 000 ml pour la peinture en poudre. Il est possible d'acheter des boîtes aux couleurs assorties ou d'acquérir seulement quelques couleurs au détail.

Les techniques d'utilisation

La gouache peut être utilisée épaisse, mais on court le risque de craquelures au séchage, diluée ou très étendue d'eau (effets d'aquarelle). Le dégradé s'obtient en ajoutant du blanc. Ce matériau, riche en possibilités, permet le modelé dans l'humide : le passage d'une couleur ou d'une nuance à l'autre s'effectue en frottant une brosse sèche à la frontière des deux zones que l'on souhaite réunir sans heurt visuel. Les recouvrements s'effectuent à sec : attendre un séchage parfait et poser une couche épaisse afin d'éviter une remontée de la couleur inférieure. Les frottis, colorations posées d'un geste bref à la brosse sèche chargée de peinture non diluée, apportent la lumière. Les glacis sont des « jus » transparents que l'on applique d'un pinceau rapide, juste humide.

Le peintre se dote d'outils traditionnels : pinceaux, brosses, rouleaux, couteaux de peintre (sorte de petites truelles), chiffons, mais aussi d'outils divers qui créent parfois des effets inattendus (doigts, bâtons, brosses à dents, coton-tiges, etc.). Il lui est également possible d'employer l'aérographe (outil qui pulvérise la peinture) en ajoutant de l'alcool à la peinture diluée (1 volume d'alcool pour 9 d'eau).

La conservation

La peinture en tubes se conserve relativement bien. La gouache conditionnée en pots, en revanche, est à recouvrir après usage d'un film d'eau afin de compenser l'évaporation ; celui-ci, récupéré avant utilisation, servira à allonger la couleur.Ce liquide incolore contenant du liant (colle), on évite ainsi le risque de retour à l'état poudreux lors du séchage (perte de cohésion des pigments).

La gouache se conserve à l'abri de l'humidité ; un verre ou une couche de vernis « spécial gouache » lui assure une bonne longévité. Les œuvres de Boucher, Fragonard, les dessins vénitiens de la Renaissance sont encore en parfait état.

SUPPORTS ET MATÉRIEL DE BASE

◼ Supports

– Tous supports non cireux ou gras, souvent de petit ou moyen format.
– Papiers non glacés, cartons, toile préparée à l'enduit maigre…

◼ Matériel de base

– Couleurs primaires : jaune primaire, bleu cyan, rouge magenta + blanc et noir, ocre jaune, sienne naturelle, ombre brûlée.
– Pinceaux : petit-gris n°s 10, 16 et 18.
– Brosses (pinceaux plats) : n°s 10, 16 et 20.
– Chiffon.
– Palette : une assiette blanche peut suffire (pas de feuille de papier qui absorbe les liants).
– Récipients pour l'eau.

◼ Préparation de la peinture en poudre

Outils : gobelet, gros pinceau, eau.
Il est possible de réaliser une peinture grand format (6 m^2 environ) à peu de frais, à partir de blanc de Meudon, de colle et de peinture en poudre.
Deux kilogrammes de blanc de Meudon en seront la charge (opacité et réverbération) ; un demi-paquet de colle en poudre (type papier peint) assurera le liant de la peinture en poudre ; des pigments industriels ou des tubes de colorants prêts à l'emploi apporteront la coloration. De la poudre d'alun lui garantira un peu plus de pérennité.
Toutes les couleurs sont fabriquées sur la base de trois quarts de litre d'eau pour 150 g de blanc de Meudon mélangés à deux cuillères à soupe de colle (préparée d'avance). Cette préparation assure un blanc éclatant ; en ajoutant de trois à six doses de couleur en poudre, selon l'intensité désirée, on obtient des couleurs opaques et lumineuses au séchage.

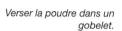

Verser la poudre dans un gobelet.

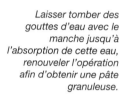

Laisser tomber des gouttes d'eau avec le manche jusqu'à l'absorption de cette eau, renouveler l'opération afin d'obtenir une pâte granuleuse.

Dès l'obtention d'une pâte lisse, il suffit de lui incorporer un liant (ex. : colle à papier peint) pour en assurer la cohésion. À ce stade, la gouache est prête à l'emploi et il est possible de la diluer.

Quelques conseils

Pour éviter que la peinture en poudre ne redevienne pulvérulente une fois sèche, il faut utiliser certains liants :
– l'addition de colle au mélange poudre/eau assure un résultat satisfaisant (colle à papier peint, colle blanche liquide diluée, colle à bois ; les deux dernières donnent une surface satinée) ;
– l'ajout de savon liquide confère une onctuosité et un glissé agréables à l'application, mais cette préparation ne se conserve pas et demande à être utilisée rapidement (des médiums équivalents existent chez le marchand de couleurs).

HISTOIRE

CATÉGORIES ET GENRES

ÉLÉMENTS PLASTIQUES

TECHNIQUES

LIRE UN TABLEAU

CONSERVER/EXPOSER

L'aquarelle et le lavis

L'aquarelle est une peinture à la détrempe aux couleurs transparentes liées d'un mélange d'eau et de gomme arabique. Connue des Égyptiens puis oubliée, outil privilégié chez Dürer, Holbein et Fragonard, elle est devenue une tradition en Grande-Bretagne à partir du début du XIXᵉ siècle.

● Les qualités et les particularités

■ L'aquarelle favorise le travail d'*alla prima* (peinture directe, sans esquisse). Elle garantit l'authenticité de l'émotion grâce à une mise en œuvre simple et un temps de séchage rapide. Le blanc est celui du papier ; on le préserve en détourant l'espace choisi, en frottant une bougie ou en posant une gomme liquide au pinceau, que l'on retire du bout des doigts une fois le travail terminé et sec ; on peut aussi le retrouver par grattage. La transparence de l'aquarelle permet de jouer avec le support. Un papier teinté donne d'emblée une coloration générale (William Turner, 1775-1851, affectionnait un certain papier gris-bleu) ; une feuille blanche avive les couleurs.

■ L'aquarelle utilise deux techniques, simultanément ou séparément. Dans la première, dite à sec, le pinceau chargé de couleur peu étendue d'eau dépose et modèle formes et couleurs (la qualité du support est importante : on préférera un grain torchon). La seconde (dans l'humide) utilise un procédé inventé par James Whistler (1834-1903). La feuille est humectée à l'éponge ou au pinceau ; la peinture fuse et permet les effets de flou, les fondus, les ciels nuageux…

■ Le lavis est la manière de réaliser d'une seule couleur un fond ou un dessin à l'aide d'encres ou de jus fortement colorés (encre de Chine, sépia, etc.). Albrecht Dürer (1471-1528) exécute ainsi des études de paysage lors de son voyage en Italie. Le camaïeu s'obtient en ajoutant progressivement de l'eau à la teinte de départ.

■ L'aquarelle se présente en tubes ou en pains de couleur et en deux qualités : l'une est dite d'étude ; la seconde, dite fine, est plus riche en pigments car un liant de glycérine lui confère onctuosité et éclat tout en la gardant humide. D'un prix plus élevé, cette aquarelle garantit des couleurs somptueuses et plus stables à la lumière. On trouve des boîtes toutes prêtes, munies de godets pour les mélanges et les lavis, ou des boîtes vides à composer.

● Les supports

■ Du choix du papier dépend le résultat. Les papiers à grain (fin, moyen, torchon) sont à privilégier. La couleur « accroche » (se dépose sur les aspérités) dans le cas d'un travail à sec ou envahit les creux du papier mouillé et fuse sous le pinceau chargé d'eau colorée. Le papier se présente en feuilles libres, en carnets, en blocs préencollés, du format de poche au format raisin.

■ La détrempe exige un papier à fort grammage, de 185 à 640 g. Tout papier dont le grammage est inférieur à 280 g nécessite une préparation afin d'éviter les déformations. La feuille, largement humectée sur l'envers, est retournée, lissée du plat de la main sur une planche à dessin, puis maintenue sur les quatre côtés à l'aide d'un ruban adhésif gommé. Le papier s'allonge sous l'action de l'eau et se retendent séchant comme la peau d'un tambour ; cette précaution évite les altérations ultérieures.

UNE TRADITION ANGLAISE

William Turner,
Tours Sunset, 1832.
*Aquarelle
(13,4 x 18,9 cm),
Tate Gallery,
Londres.*

■ Les peintres anglais développent l'aquarelle au XIXᵉ siècle

Au XIXᵉ siècle, l'aquarelle est une technique particulièrement appréciée et bien représentée en Angleterre. John Constable (1776-1837) exploite sa spontanéité et réalise de brillants croquis colorés (*Stonehenge*). Turner et Richard Bonington (1802-1828) installent la prédominance anglaise.

Au cours de ses voyages en Europe, au début du XIXᵉ siècle, William Mallord Turner (1775-1851) exécute sur le vif de nombreux croquis sur des carnets format de poche. Il se constitue ainsi une banque d'images et d'atmosphères qu'il reprend dans son atelier ou confie aux graveurs chargés de diffuser en série *Les Voyages de M. Turner*.

■ La technique de Turner

– Le papier bleuté suggère le crépuscule.
– Sur la feuille encore humide, Turner disperse quelques gouttes de peinture qui fusent et créent les nuages.

– Sur le support presque sec, Turner pose la couleur, du centre vers l'extérieur où elle s'étale légèrement ; les traces plus sombres sont posées à sec (couleur prélevée au pinceau à peine humide).

– La pointe du pinceau chargée d'aquarelle diluée dessine la cathédrale.

– D'une même couleur et d'un trait net, le pinceau humide met en place le pont. La fin du tracé se dissout dans une zone du papier encore humide. L'artiste utilise le hasard du séchage et crée une perspective atmosphérique par la dissolution de la forme et de la couleur.

– La couleur saturée est posée vivement.

– Des rehauts de peinture peu diluée sont réalisés au pinceau fin.

– Les reflets sont modelés sur papier sec. La peinture accroche le grain du support.

– D'un geste rapide, le pinceau gorgé de couleur dessine les coques de bateaux (un pinceau humide laisserait une trace aiguë).

HISTOIRE

CATÉGORIES ET GENRES

ÉLÉMENTS PLASTIQUES

TECHNIQUES

LIRE UN TABLEAU

CONSERVER/EXPOSER

Le pastel

Ni dessin ni peinture, cette technique assez récente s'impose dès le XVIIᵉ siècle par son velouté et la fraîcheur de ses coloris dans l'art raffiné du portrait. Edgar Degas, au XIXᵉ siècle, lui invente des techniques de mise en œuvre jamais égalées. Le XXᵉ siècle voit apparaître les pastels à l'huile.

Le pastel traditionnel

Le pastel apparaît au XVᵉ siècle dans les rehauts de dessins préparatoires aux portraits. Au XVIᵉ siècle, la vogue des dessins florentins lui confère un statut à part entière. Cette technique se prête à l'art délicat du portrait ; elle favorise le croquis rapide et sa texture poudrée traduit remarquablement l'aspect velouté de la peau. Le XVIIIᵉ siècle en est l'âge d'or, avec Jean-Baptiste Siméon Chardin (1699-1779), Quentin de La Tour (1704-1788), Jean-Baptiste Perronneau (1715-1783) et Élisabeth Vigée-Lebrun (1755-1842).

Le pastel, composé de pigments finement broyés liés de gomme arabique et de miel, se présente en bâtonnets friables de section ronde ou carrée rangés dans des boîtes de couleurs assorties de 45 à 90 unités, qu'il est possible de réassortir.

Le support est un papier, un tissu, du carton, du papier de verre, etc., tout matériau à texture susceptible d'accrocher la poudre à sa surface. La couleur est préférable au blanc, elle crée une atmosphère et valorise les touches colorées.

Les pastels à l'huile

Le pastel gras ou à l'huile est une invention récente. Grâce à la cire qui le compose, il possède un glissé agréable et un pouvoir colorant puissant. Les couleurs sombres contenant davantage de cire se révèlent plus couvrantes, mais aussi plus tendres. Ces qualités varient selon les marques. Les bâtonnets de section ronde, protégés par un papier, sont présentés dans des boîtes. Ce pastel adhère à tous les supports et sa texture est lisse et brillante.

Les techniques d'utilisation

Avant de colorer au pastel traditionnel, l'artiste installe son motif au fusain sur le support oblique ou vertical. Il ne fabrique pas la couleur, il la choisit pour sa nuance, la juxtapose, la superpose à une autre (clair sur foncé) en un jeu de variations colorées de couleurs pures. Fondus et modelés naissent sous l'estompe et le chiffon. Les traces du geste s'inscrivent en hachures croisées ou parallèles plus ou moins espacées, un chiffon claqué prestement à la surface atténue la trace indésirable. Le pastelliste mène le travail dans sa globalité, il « monte » les couleurs sur tous les fronts. Il lui faut « oser colorer » et reculer souvent pour juger de l'effet produit. Le pastel craint la lumière et exige la protection d'un verre.

Le pastel gras autorise les mélanges, les superpositions, les frottages au doigt ou au chiffon et favorise la diversité des techniques mixtes : pastel et encre de Chine, pastel et gouache ou encres colorées... Le pastel repris au pinceau mouillé de térébenthine présente l'aspect d'une peinture à l'huile. Les bâtonnets chauffés à la flamme se transforment en une pâte épaisse qu'il est possible de travailler au couteau.

L'APPORT DE DEGAS AU PASTEL

Degas, **Danseuses,** *vers 1890.*
Pastel sur vélin blanc (50,1 x 32,5 cm),
musée des Beaux-Arts, Ottawa.

▊ Les audaces de Degas

Edgar Degas (1834-1917) a passionnément utilisé le pastel traditionnel, mais au savoir-faire de ses prédécesseurs, qu'il s'approprie, il ajoute une inventivité dans l'expérimentation qui lui permet de mettre au point des techniques encore inégalées. Il est à l'origine des techniques combinées ou mixtes.

Il commence tout d'abord par utiliser le pastel pour rehausser les peintures à la détrempe qui présentent un caractère d'opacité comparable, puis, séduit par la rapidité de mise en œuvre de celui-ci, il multiplie les expériences. L'artiste innove ; il utilise le pastel « mouillé », alterne l'emploi direct du bâtonnet humidifié et celui d'une pâte étalée au pinceau, obtenue soit en broyant la couleur dans de l'eau soit en humidifiant le support avec de l'eau bouillante vaporisée. Certains pastels doivent leur éclat à un procédé complexe. Degas isole les hachures superposées ou juxtaposées à l'aide d'un fixatif (indéterminé) qui donne une meilleure adhérence pour l'étape suivante, une reprise au pastel libre. Il se préserve ainsi de mélanges malencontreux tout en gardant la couleur et l'aspect velouté incomparables de cette technique.

Les inventions de l'artiste s'attachent également à la transformation des supports, qu'il gratte, brûle partiellement afin d'accrocher le pastel, et à la fabrication de fixatifs. Ces derniers n'ont jamais été performants (pastels jaunis ou ternis), et les œuvres les plus éclatantes de fraîcheur sont celles qui n'ont pas été fixées, comme par exemple les pastels de Quentin de La Tour. Degas aurait bénéficié d'une recette « idéale » transmise par son ami Luigi Chialiva et dont le secret a résisté aux examens scientifiques.

▊ Une mise en œuvre visible

L'ébauche de la mise en place au fusain reste visible sous le pastel. Degas alterne longues hachures (bas du tableau et bras vertical) et hachures croisées (tutu et bras replié). Il écrase un pastel pâteux sur la poitrine de la danseuse et la main de la seconde et matérialise le vaporeux des tutus et le banc brun au pinceau mouillé. Sous la signature, la couleur laisse transparaître un repentir de contour (intention abandonnée).

HISTOIRE

CATÉGORIES ET GENRES

ÉLÉMENTS PLASTIQUES

TECHNIQUES

LIRE UN TABLEAU

CONSERVER/EXPOSER

La peinture à l'huile

Dans l'histoire des arts, la peinture à l'huile apparaît tardivement (au XIVᵉ siècle). Le peintre Jan Van Eyck en perfectionne la technique et révolutionne la façon de peindre. En effet, séchant lentement, la peinture à l'huile permet les repentirs, le travail dans la pâte et les effets moelleux.

Les caractéristiques

Dans cette peinture, le liant des substances colorantes est une huile sélectionnée pour ses qualités de médium et son pouvoir siccatif (de séchage). L'huile d'œillette convient aux couleurs claires, elle jaunit moins avec le temps que l'huile de lin clarifiée habituelle.

La peinture à l'huile a ouvert des possibilités techniques inconnues et révolutionné la façon de peindre. Sa lenteur de séchage a rendu possibles le repentir (changement en cours d'exécution), par effacement puis recouvrement, ainsi que la réalisation des fondus et du volume des modèles dans la couleur encore fraîche. Sa consistance variable a offert la possibilité du travail en épaisseur (dans la pâte) et la pose des glacis (transparences). La peinture à l'huile se présente en tubes de 7, 25 ou 60 ml, vendus en boîtes assorties ou à la pièce.

La stabilité de la couleur recouvre la résistance au temps, à la lumière et la fiabilité de coloration lors des mélanges. Elle se repère au nombre d'étoiles ou à la lettre inscrite sur le tube (3*** ou AA : très bonne ; 2** ou B : moyenne ; 1* ou C : faible).

Il faut respecter quelques précautions d'emploi afin de ne pas endommager les tubes : extraire la couleur en pinçant le bas du tube, essuyer le pas de vis à l'aide du pinceau ou d'un chiffon avant de le refermer, ranger le tube à plat.

La mise en œuvre de la peinture à l'huile exige le respect de quelques procédures afin d'éviter tout ennui de séchage ou les craquelures. Gras sur maigre est la règle. Le peintre part d'une base maigre (peinture diluée) qu'il recouvre de couches progressivement moins diluées (plus « grasses »).

Les diluants, médiums, siccatifs et vernis

Les diluants diluent ou allongent une couleur trop épaisse sans l'altérer. L'essence de térébenthine rectifiée (du pin des Landes) s'avère précieuse lors de l'ébauche. Si la térébenthine ordinaire (moins onéreuse) peut suffire, l'emploi de white-spirit est à réserver au nettoyage des outils ; employé en diluant, il ternit la couleur.

Les médiums sont des liants liquides ou pâteux que l'on ajoute à la peinture pour créer des effets spéciaux de pâtes plus ou moins épaisses, de glacis (Rubens fabriquait le sien à partir d'huile de lin, de cire d'abeille et de litharge [oxyde naturel de plomb]). Bien que déjà présente, l'huile de lin est fréquemment employée ; les couleurs y gagnent transparence et brillance.

Le siccatif conditionne le séchage. Le peintre peut ajouter à sa peinture quelques gouttes d'huile de lin d'œillette (plus lente à sécher) ou un siccatif spécifique pour moduler le séchage des couleurs.

Le vernis protège la peinture. Composé de résine, il facilite la tenue de la couche picturale, la protège de l'humidité, ravive les couleurs et l'unifie. Mat, brillant, à craqueler…, il se dilue à la térébenthine.

LE MATÉRIEL DE BASE

▪ La palette

Les couleurs sont posées tous les 4 à 5 cm sur la palette, les teintes chaudes précédant les teintes froides, afin de les repérer facilement et de faciliter ainsi les mélanges. Par la suite, la pratique et les préférences font que le peintre compose sa palette personnelle en ajoutant ou retirant à la liste de base certaines couleurs.

▪ Outils, matériaux et supports

Le peintre utilise des pinceaux, des brosses, des chiffons, des couteaux suivant les effets de matière qu'il veut rendre. Sa palette peut être une simple planchette, qu'elle soit brute ou recouverte de papier d'aluminium. Il a aussi à sa disposition des petits godets d'huiles siccatives, de térébenthine ou de white-spirit.
Il peint en général sur des cartons toilés ou des feuilles à grain toile.

Exemple d'une palette traditionnelle

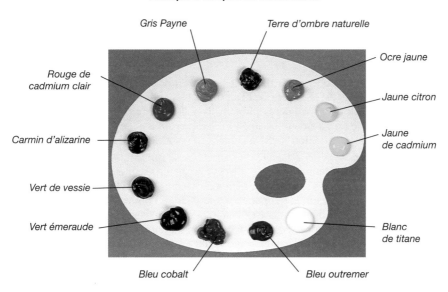

Gris Payne
Terre d'ombre naturelle
Ocre jaune
Rouge de cadmium clair
Jaune citron
Carmin d'alizarine
Jaune de cadmium
Vert de vessie
Vert émeraude
Blanc de titane
Bleu cobalt
Bleu outremer

▪ Pour débuter

Il est conseillé de faire un premier travail sur fond maigre coloré, ce qui permet d'installer une atmosphère. Pour cela, il faut poser sur le support quelques noisettes de terre verte ou d'ocre jaune diluées à l'essence ou au white-spirit et étaler cette couleur à la brosse ou au chiffon. L'esquisse est réalisée au jus coloré ou au fusain.

La peinture est menée de front, c'est-à-dire en travaillant dans la globalité et en reculant souvent pour voir l'effet produit. Les couleurs sont prélevées sur la palette par le côté extérieur pour éviter les mélanges malencontreux.
La séance terminée, les pinceaux sont soigneusement nettoyés au white-spirit, lavés au savon do Marseille, rincés et essuyés en reconstituant la pointe, puis rangés suspendus tête en bas.

HISTOIRE

CATÉGORIES ET GENRES

ÉLÉMENTS PLASTIQUES

TECHNIQUES

LIRE UN TABLEAU

CONSERVER/EXPOSER

La peinture acrylique

L'emploi de l'acrylique date des années 50. Elle est soluble à l'eau, sèche rapidement et permet tous les effets picturaux. Cette peinture née en Amérique fut d'emblée adoptée par les peintres du *pop art* puis par les artistes américains. Liée aux grands formats, elle est synonyme de modernité.

Aujourd'hui, l'acrylique supplante la peinture à l'huile

L'acrylique est en passe de supplanter la peinture à l'huile, sans toutefois la remplacer. Son succès fulgurant est lié à des peintres américains (Hartung, Rauschenberg, etc.) et à la figuration libre, illustrée en France par Boisrond (1959), Di Rosa (1959) et Combas (1957). En plus de sa souplesse d'utilisation (de la technique de l'aquarelle à celle de la pâte et des amalgames) alliée à un satiné remarquable, elle n'exige pas le savoir-faire traditionnel de l'huile, avec son mélange des couleurs et l'ajout complexe de médiums. Les artistes puisent la couleur pure directement, dans des pots le plus souvent.

Les caractéristiques

Dans les années 30, de jeunes artistes mexicains, Siqueiros (1896-1974), Rivera (1886-1957) et Orozco (1883-1949) reçoivent de l'État une commande de peintures murales destinées à orner les façades des bâtiments publics. Ils sollicitent l'aidede l'atelier de l'Institut national polytechnique de Mexico pour améliorer un produit issu de l'industrie chimique et déjà employé dans la construction. Cette technique révolutionne l'art de peindre.

La nouveauté repose sur l'originalité du liant résineux qui garantit l'éclat, la souplesse, la stabilité des couleurs et leur résistance. Miscible à l'eau, cette peinture, une fois sèche, est indélébile. À ces qualités s'ajoutent un temps de séchage très court, allant de quelques minutes à une demi-heure selon la température ambiante, un pouvoir couvrant ou transparent remarquable suivant la dilution choisie. La rapidité de séchage sert la spontanéité, mais elle exige, pour les grands formats, une démarche rigoureuse d'exécution : des travaux préparatoires et une maquette. Si l'eau en est le diluant, l'utilisation de médiums spécifiques dans les effets de transparence, d'empâtement et d'amalgame assure l'éclat des coloris et l'homogénéité de la matière picturale. À l'image d'Hartung (1904-1989) et d'Alechinsky (né en 1927), de nombreux artistes ont essayé puis adopté l'acrylique. L'application d'un vernis ne s'impose pas ; il unifie éventuellement les différences de brillance.

L'acrylique est conditionnée en tubes de 15 à 40 ml et en pots de 40 à 750 ml selon les marques. Sa composition et ses performances justifient son prix.

Les supports

L'acrylique se prête à tous les supports (Alechinsky affectionne le papier qu'il maroufle ou laisse tel quel). Afin de réduire la porosité des supports, on emploie un enduit sans huile (gesso maigre), mais deux couches croisées d'acrylique diluée peuvent suffire sur un support peu absorbant. Il est également possible d'acheter des préparations prêtes à l'emploi qui réduisent encollage et pose de l'enduit à une seule opération (lorsqu'il s'agit de peindre une surface poreuse : bois ou béton).

UN OUTIL POUR LES HYPERRÉALISTES

Les courants de peinture liés à l'acrylique flirtent avec les images publicitaires et le monde de la bande dessinée. Les aplats de couleurs vives et lustrées, sertis de lignes noires à la façon d'une épure (Valerio Adami, né en 1935), les images plus vraies que nature de l'hyperréalisme américain, les personnages stylisés de Keith Haring (1958-1990), l'opération « Treize Murs peints pour treize villes », en France en 1982, séduisent un public attaché aux images parlantes.

À la fin des années 60, l'hyperréalisme américain s'affiche dans les rues de New York, San Francisco, Los Angeles. Des images géantes, peintes en trompe-l'œil savant, habillent et transforment la laideur des murs, qu'ils soient aveugles ou percés d'ouvertures (intégrées au projet). Les peintres jouent à perturber les perspectives et la réalité des cadres de vie ordinaires. En provoquant l'illusion, la surprise ou l'insolite, ils gagnent l'adhésion de la rue.

Schlosser, **Il ne se plaignait jamais***, 1976.*
Acrylique (150 x 150 cm), musée national d'Art moderne, Paris.

HISTOIRE

CATÉGORIES ET GENRES

ÉLÉMENTS PLASTIQUES

TECHNIQUES

LIRE UN TABLEAU

CONSERVER/EXPOSER

La fresque

La fresque est une peinture murale réalisée sur mortier de chaux humide : l'évaporation de l'eau provoque une réaction chimique qui cristallise la surface en contact avec l'air et emprisonne les couleurs. Par abus de langage, on nomme fresque toute peinture murale, et ceci quelle que soit sa technique.

Les techniques

▬ Il est nécessaire de bien préparer le mur. Le mur brut, impérativement sain, reçoit deux ou trois épaisseurs de mortier de plus en plus fin (3 volumes de chaux pour 1 de sable puis 2 pour 1 et 1 pour 1). La superposition rapide de ces couches en assure la cohésion. La dernière, ou *arriccio*, est la surface de travail du fresquiste.

▬ Le peintre utilise exclusivement des pigments colorés, d'origine soit naturelle (ocres, bruns, terres vertes, etc.) soit minérale (bleu), dans une palette réduite.

▬ La technique du *buon fresco*, la plus virtuose, ne permet aucun repentir ; le premier geste est le bon. Le fresquiste pose ses couleurs sur le support encore humide, l'eau s'évapore et, par réaction chimique, le carbonate de chaux cristallise, emprisonnant la couleur en une très faible épaisseur. Cette technique, particulièrement présente dans l'Italie de la Renaissance, a été utilisée par Raphaël et Michel-Ange. Les fresques médiévales, quant à elles, furent pour la plupart peintes *a secco*, le support étant humidifié au moment de la mise en couleurs. Une des rares conventions veut que soient réalisés *a buon fresco* les visages et les mains. Giotto (1266 ?-1337) installe les mains et les visages, puis reprend *a secco* couleurs et drapés (moins bonne conservation).

Le peintre au travail

▬ Afin de visualiser son projet, l'artiste met en place un dessin préparatoire à la surface de l'*arriccio*. Ce dessin, ou *sinopia*, est tracé à main levée, à la terre rouge de Sinope, d'où son nom. À partir du XVIᵉ siècle, le papier huilé (calque) permet d'innover en utilisant des poncifs, sorte de patrons que le peintre fixe au mur. Le dessin est piqueté puis reproduit sur le mur au moyen d'une poncette tapotée sur le papier (petite bourse de tissu lâche chargée de poudre noire). Une troisième technique consiste à reporter le dessin, en suivant le trait, à l'aide d'un objet pointu qui laisse une trace en creux, souvent visible sur certaines peintures.

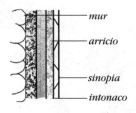

mur

arricio

sinopia

intonaco

▬ La dernière étape, l'*intonaco* ou surface picturale, est un assemblage de morceaux juxtaposés constitués de mortier fin et de poudre de marbre (*giornata*). Compte tenu de la surface qu'il lui est possible de peindre *a fresco* en un jour et des reprises lors des jours suivants, l'artiste élabore une mise en œuvre rigoureuse de progression et de raccords invisibles. Le travail s'effectue de haut en bas et de gauche à droite, afin d'éviter tout effacement.

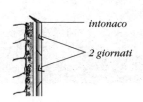

intonaco

2 giornati

LES PONCIFS

Piero della Francesca, **La Reine de Saba** ;
détail de la fresque **L'Histoire de la sainte Croix, 1452-1459.**
Église Saint-François, Arezzo.

◼ La fresque

La fresque est une technique très ancienne. Les écrits de Vitruve (Ier siècle av. J.-C.) en laissent supposer l'existence. Les peintures de Cnossos, en Crète, et celles de l'Égypte ancienne (3000 ans av. J.-C.) témoignent de l'utilisation de variantes. Après une longue période d'oubli, elle réapparaît au Moyen Âge (ex. : Saint-Savin), se répand en Europe et s'impose comme technique aux premiers peintres italiens.

En Italie, les fresques de l'église Saint-François d'Arezzo réalisées par Piero della Francesca (v. 1416-1492) livrent au regard attentif quelques techniques du dessin de l'artiste.

Ici, le peintre utilise les mêmes poncifs pour représenter, à droite comme à gauche, la reine de Saba et ses trois suivantes.

◼ Les poncifs utilisés

Piero della Francesca retourne les poncifs, ceci donnant un travail symétrique qui participe à l'harmonie de la composition. Il les dispose en organisant de légers décalages : à gauche, le visage de la reine est posé plus bas que sur la partie droite.

L'artiste apporte quelques transformations aux vêtements et aux coiffures, à la position des bras de la reine et de sa première suivante, dont il accentue la courbe du cou, mais l'élégance du port de tête, les profils purs et le visage vu de face sont bien les mêmes.

La Reine de Saba *(détails).*

HISTOIRE

CATÉGORIES ET GENRES

ÉLÉMENTS PLASTIQUES

TECHNIQUES

LIRE UN TABLEAU

CONSERVER/EXPOSER

Le collage

Fixer par collage des éléments d'usage quotidien et ordinaires sur la surface de la toile est une nouvelle technique apparue dans la peinture au début du XXᵉ siècle. Il s'agit de mettre ainsi en valeur les qualités plastiques de matériaux non artistiques, de détourner et confronter les textures, les matières, les couleurs.

● S'approprier les éléments du réel

■ Les peintres cubistes Georges Braque (1882-1963) et Pablo Picasso (1881-1973) utilisent pour la première fois l'art du collage au printemps 1912. Le terme collage désigne la collision, la juxtaposition, l'assemblage sur la surface de la toile de différents éléments étrangers au monde classique de l'art pictural (quel que soit le moyen technique mis en œuvre : colle, clous, agrafes, etc.). Pour la première fois, les peintres fixent, collent et assemblent sur le tableau de simples matériaux de rencontre puisés dans le quotidien : des feuilles de papier journal, des morceaux de carton, des étiquettes, des morceaux de tissu…

■ Dans cette nouvelle fabrication du tableau, l'artiste affiche les couleurs, les formes et les effets de texture des matériaux collés. Il expose la valeur plastique de ces éléments. Ils sont montrés pour eux-mêmes, souvent travaillés sans contexte narratif.

● Expérimenter les matériaux

■ Pour construire un collage, le peintre part à la recherche d'une variété d'objets et d'éléments plus ou moins insolites. Il travaille et modifie ensuite ces différents matériaux avant de les agencer et de les coller sur la toile. Le tableau dévoile ainsi la panoplie des moyens d'action mis en œuvre par le peintre : gratter, déchirer, découper, lacérer… Il travaille directement sur les fragments, au contact de la toile, sans l'éloignement et la distanciation créés par les outils traditionnels de la peinture.

■ Il organise et combine les parties du tableau comme dans un puzzle : juxtaposition de trames, confrontation de couleurs et superpositions d'effets.

■ Le collage est réalisé à la surface du tableau ; les fragments sont collés sur la toile du côté du spectateur, dans son espace réel. La sensualité de ces matériaux attire la caresse de la main.

● Le photomontage

■ Le photomontage est un collage de documents photographiques et d'images figuratives visant à provoquer des combinaisons et des rapprochements inattendus.

■ Les photomontages associent de façon provocante des morceaux d'images qui n'ont pas de relations d'évidence. Ils créent ainsi par amalgame et assemblage des formes insolites. Ils peuvent modifier les contextes et transgresser les rapports d'échelle : l'homme devient minuscule, les objets gigantesques.

■ Les différents fragments d'images et de « bouts de photographies » prélevés ici et là sont collés très proprement, bien à plat et sans relief (en cachant l'action de collage). Dans les années 30, les artistes berlinois (tradition Dada) utilisent le photomontage comme une arme politique dans la lutte contre le nazisme.

■ Le mouvement surréaliste fait usage du photomontage pour construire des mondes étranges, peuplés d'associations merveilleuses, étranges et saugrenues.

COLLER DES FRAGMENTS

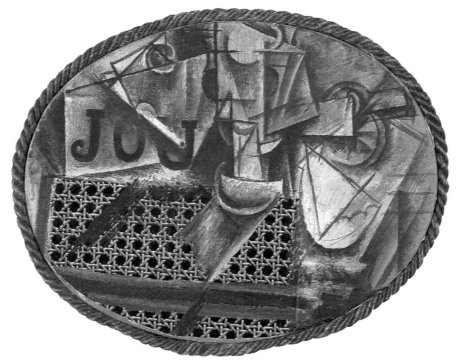

Picasso, **La Nature morte à la chaise cannée, 1912.**
Huile et toile cirée sur toile avec corde
(27 x 35 cm), musée Picasso, Paris.

■ La technique de Picasso

Picasso détruit la tradition picturale qui consiste à recouvrir entièrement la surface de la toile avec de la peinture pour représenter des motifs figuratifs.

Pour la première fois, il introduit dans son œuvre un élément étranger à la pratique traditionnelle de la peinture : un morceau de toile cirée imprimée qui imite un cannage de chaise.

Il « colle » un objet industriel dans la peinture. Il applique sur la toile un fragment du réel, un trompe-l'œil qui remplace sa représentation peinte (chaise cannée) : il montre effectivement le cannage de la chaise.

La toile cirée est intégrée à la peinture par une succession de traits noirs tracés en oblique qui recouvrent le cannage.

L'inscription des lettres JOU (journal, jour, jouer…) déborde de la surface de papier blanc. Les trois lettres indiquent l'espace plan du tableau.

Pour encadrer sa peinture, Picasso fait encore une contrefaçon : il colle sur le tour du tableau une corde tressée qui délimite et renforce la découpe du format ovale.

Pablo Picasso cherchera toujours de nouveaux effets : il prévoit le jaunissement du papier et va même jusqu'à utiliser, dans quelques-uns de ses collages de 1913, des morceaux d'un numéro du journal *Le Figaro* daté de 1883.

HISTOIRE

CATÉGORIES ET GENRES

ÉLÉMENTS PLASTIQUES

TECHNIQUES

LIRE UN TABLEAU

CONSERVER/EXPOSER

Le pochoir

Le pochoir, feuille de métal ou carton découpé selon des formes précises, permet l'utilisation de caches ou l'obtention de surfaces colorées (négatives ou positives) prédéterminées. Cette technique très ancienne a traversé toute l'histoire de la peinture jusqu'à nos jours.

● Négatif et positif

L'artiste a la possibilité d'exploiter de deux façons un même motif découpé : soit il garde le contour évidé de sa forme (négative), soit il exploite la partie pleine enlevée (positive). Une main enduite de peinture laisse une empreinte positive en une trace directe, posée paume ouverte sur le mur de la grotte paléolithique de Gargas (vers 30000 av. J.-C.) ou de Pech-Merle (vers 15000 av. J.-C.), puis, pulvérisée de peinture, elle apparaît en négatif. Viallat (né en 1936) emploie la même technique dans son œuvre (à partir des années 70). *Les Haricots récurrents* participent à ce jeu.

● Les techniques

▬ *Formes prédéterminées.* Le pochoir évidé ou la forme pleine est posé à l'endroit choisi sur le support. Il s'agit de colorer la surface en blanc en tapotant à l'aide d'un outil chargé de peinture l'intérieur ou l'extérieur, sans faire baver la couleur. Des effets de rythmes et de superpositions partielles peuvent être obtenus en déplaçant plusieurs fois le pochoir sur le projectile.

▬ *Formes diverses découpées et utilisées comme outils.* Cette technique demande une grande habileté et du métier. L'artiste travaille directement sur le support ; il utilise des morceaux de différentes formes comme caches pour déterminer la limite de la forme et modeler les volumes par superposition de couleurs pulvérisées (la surface protégée ne reçoit pas la couleur).

▬ *La sérigraphie,* technique du pochoir plus élaborée, exige la confection de caches, généralement des écrans de soie obturés partiellement à l'aide d'une résine, qui correspondent chacun au passage d'une couleur. L'image finale est le résultat de ces superpositions savantes (Andy Warhol, 1930-1987).

● Les outils, les supports et les matériaux

▬ Le procédé le plus ancien pour pulvériser la peinture est la projection de couleur par la bouche au moyen d'un roseau ou d'un os (préhistoire). Une brosse à dents balayée du pouce, une soufflette, une bombe aérosol, un aérographe sont autant d'outils de vaporisation. Pour les petites surfaces, les brosses rondes dites à pochoir s'avèrent particulièrement efficaces. La densité et la raideur de leurs poils garantissent une impression régulière de la couleur. Selon les moyens disponibles, l'inventivité de l'artiste et les effets espérés, la brosse, un chiffon, une éponge… seront autant d'outils privilégiés.

▬ Cette technique s'applique à tous les supports : parois (Paléolithique), murs (hyperréalisme), surfaces métalliques, papier, carton ou toile cirée…

▬ Toutes les peintures conviennent au pochoir. En revanche, le choix de l'outil et l'effet escompté en déterminent la consistance et l'application ; un pochoir carton ne supporte pas une peinture trop liquide ; la soufflette et l'aérographe, au contraire, requièrent une certaine fluidité.

POCHOIR ET AÉROGRAPHE : DEUX OUTILS POUR LE PEINTRE

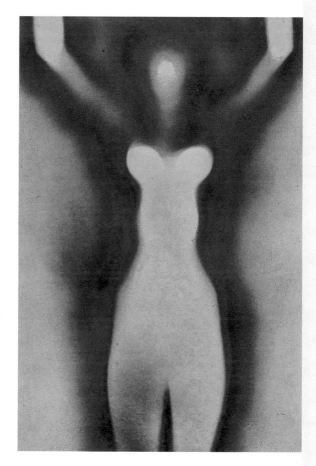

Klein, Imprint, *1961.*
Collection particulière.

Outils et matériaux

L'aérographe est un appareil qui pulvérise la couleur en une couche fine et régulière, par balayage de la surface. Les surfaces importantes nécessitent l'usage d'un pistolet à peinture. On utilise des encres ou des acryliques. En raison de leur fluidité et de leur rapidité de séchage, elles favorisent les superpositions, une exécution rapide et sans coulures. De plus, la dilution à l'eau offre l'avantage d'un nettoyage rapide.

Supports

L'artiste travaille sur un support papier épais qui offre une bonne résistance à la couleur et supporte les grattages, mais cette technique est tout aussi performante et adaptée aux murs et aux surfaces de métal (peintures hyperréalistes, trompe-l'œil, voitures publicitaires, carénages de motos, etc.).

Technique

– *La peinture sur papier :* après avoir mis en place son dessin, le peintre recouvre d'un film transparent tout le support. À l'aide d'un stylet ou d'un cutter, il détoure le sujet ou la surface à recouvrir et peut alors travailler à colorer et modeler le motif dégagé. Avant d'entreprendre une nouvelle zone, il protège à nouveau la première.

– *La peinture sur métal* s'avère plus difficile. L'artiste joue de caches préalablement découpés devant la buse de l'aérographe afin de révéler l'image (formes, modelés, couleurs et dégradés), tout en protégeant le travail déjà fait.

HISTOIRE

CATÉGORIES ET GENRES

ÉLÉMENTS PLASTIQUES

TECHNIQUES

LIRE UN TABLEAU

CONSERVER/EXPOSER

L'encadrement

Le cadre isole le tableau de son environnement et matérialise les limites de la surface peinte. L'encadrement met en valeur une peinture et assure sa protection. Chaque cadre, d'origine ou non, témoigne à lui seul du goût et du sens esthétique d'une époque donnée.

● Un encadrement adapté

■ Chaque encadrement est une création. Le résultat dépend du support : nature et taille ; du sujet lui-même : couleurs, style, époque, technique employée ; du voisinage éventuel d'autres cadres et du lieu auquel il est destiné.

■ Les pastels, fragiles, exigent un verre de protection et un espace de 2 ou 3 mm (entre le verre et le pastel) qui les préserve de tout frottement susceptible de les endommager ; il en est de même pour l'aquarelle, un retrait évite l'effet d'écrasement.

■ La peinture à l'huile et l'acrylique ne nécessitent pas la présence d'un verre. Un cadre suffit à leur présentation et à la protection des parties faibles que sont les angles. Un support carton ou bois sera moins vulnérable qu'une toile lors d'une mauvaise manipulation.

● Les éléments à respecter

■ L'encadrement est destiné à présenter une peinture mais également à la protéger. On doit éviter toute exposition au soleil (ou à la lune), qui altère les coloris, y compris les plus stables. Les peintures exposées ainsi perdent leur éclat.

■ On ne recoupe jamais un support, quel qu'il soit (réduction, mise à l'équerre, etc.). L'œuvre y perdrait de sa valeur.

■ La marge, marie-louise ou passe-partout, n'obéit à aucune règle précise sinon au plaisir de l'œil. En général, plus le sujet est petit, plus le passe-partout est important. Un sujet de moyenne taille (entre 20 et 50 cm) se satisfait d'une marge de 13 à 15 cm ; celle du bas, appelée talon ou marge en pied, semble toujours plus étroite par effet d'optique : une correction de 1 ou 2 cm lui apportera l'élégance visuelle.

■ La signature de l'artiste, quand elle existe, est laissée apparente, même si elle pose un problème d'encadrement, en figurant, par exemple, au bord du châssis.

● Matériel utilisé dans la confection d'un encadrement

■ Le cadre délimite l'espace de la peinture. Il peut être inclus dans l'œuvre (retables), sculpté, orné de perles et cannelures, réalisé en bois, en plâtre peint ou doré, en baguettes de métal, voire absent, selon la volonté de l'artiste (option fréquente de nos jours).

■ La marie-louise est un cadre (plat) dans le cadre, utilisé avec les toiles sur châssis. Le passe-partout, carton de couleur contrecollé, autorise la création d'une fenêtre à biseaux (bord blanc taillé à 45° dans l'épaisseur du passe-partout) qui donne de la profondeur.

■ Le verre de protection peut être minéral ou synthétique. Les verres anti-reflets sont plus légers, mais écrasent l'image et attirent la poussière. Avec une boîte à onglets (boîte prédécoupée) et une scie à dos, on scie des moulures à 45°. La presse à feuillard, ruban métallique, assure le serrage des baguettes pendant le collage.

LA RÉALISATION D'UN ENCADREMENT

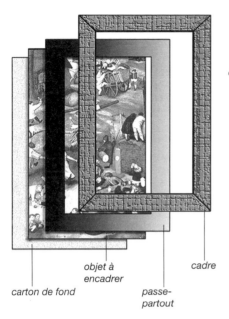

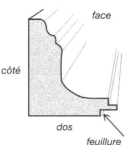

face

côté

dos

feuillure

face

côté

dos

marie-louise

toile montée sur châssis

objet à encadrer

cadre

carton de fond

passe-partout

◼ Réalisation d'un encadrement simple

1. Choisir la surface à laisser apparente (fenêtre). En prendre les mesures et choisir la largeur des marges.

2. Ou déterminer les dimensions du passe-partout : hauteur et largeur de la fenêtre augmentées de celles des marges.

3. Une fois taillé, poser à l'envers le passe-partout, tracer au dos les extrémités de la surface à évider plus 1 cm. Poser une règle plate sur le trait et la tenir fermement à l'extérieur. À l'intérieur, ouvrir la fenêtre à biseaux à l'aide du cutter. Le rectangle se détache, laissant apparaître un biseau blanc.

4. Sur le carton de fond, choisi en qualité « bois blanc » pour sa bonne résistance aux déformations (ne se gondole pas aux variations d'humidité), fixer l'attache et le sujet à encadrer à l'aide d'une bande gommée (en haut et sur quelques millimètres seulement).

5. Positionner le passe-partout, le verre, puis le cadre.

6. Retourner l'ensemble et terminer par la pose d'un ruban kraft. La bande gommée se colle tout autour, à cheval sur le cadre et le carton de fond. Elle assure une fermeture de l'encadrement relativement hermétique et le préserve de la poussière et des insectes.

◼ Les cadres et sous-verres prêts à monter

– Cadres en kit : baguettes vendues par deux, avec système de clips qui bloque les angles (longueurs des baguettes au choix).

– Cadres complets proposés en différentes tailles, moulures bois naturel ou peint.

– Sous-verres simples, sans cadre, composés d'un carton et d'un verre minéral ou synthétique : toutes tailles, serrage de l'ensemble à l'aide de clips ou de pinces métalliques.

HISTOIRE

CATÉGORIES ET GENRES

ÉLÉMENTS PLASTIQUES

TECHNIQUES

LIRE UN TABLEAU

CONSERVER/EXPOSER

La perception, le regard

Le message du peintre est composé de signes visuels qui s'organisent dans l'image. La perception du regard sur un tableau est successive. L'œil associe très rapidement les signes visuels éparpillés par le peintre dans sa composition.

● Le trajet du regard

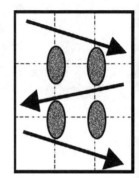

■ Le spectateur éprouve souvent la sensation de percevoir la totalité de l'image en un seul coup d'œil et en une seule fois. En réalité, dans la lecture du tableau, l'œil balaie la surface de l'image d'un mouvement très rapide.

■ Le trajet perceptif se fait par étapes successives. Le regard s'arrête très brièvement et successivement de points forts en points forts visuels. Le mouvement de l'œil du spectateur se fait dans le sens habituel de la lecture : en Occident, de gauche à droite et de haut en bas.

■ Dans le même temps, le regard trace aussi les axes visuels qui charpentent naturellement l'image. Il fractionne verticalement et horizontalement la surface, dans un équilibre naturel en trois tiers égaux, qui ne favorise ni le centre ni les bordures de l'image. Les points forts sont à l'intersection de ces « lignes des tiers ». C'est sur ces axes que le peintre va disposer les éléments qu'il souhaite mettre en valeur.

● Les effets d'optique

■ Notre regard complète mentalement ce qui manque à une image pour rétablir l'imitation visuelle dans son ensemble : pour percevoir une image, notre regard doit faire la différence entre la forme et le fond qui l'entoure. Cette distinction est relative ; elle dépend de notre décision de faire alterner visuellement l'ordre des premiers plans.

■ Lorsqu'on regarde l'image ci-contre, on peut voir :

– soit un vase noir, au premier plan, isolé sur un fond blanc ;

– soit deux visages blancs, symétriques, face à face, découpés sur un arrière-plan rectangulaire noir.

● Le contexte visuel

Un même signe peut avoir des lectures très différentes. Par exemple, dans ce dessin de Jean Cocteau (1889-1963), si un petit point noir est aperçu au centre d'un œil de la lune, il est aussitôt compris comme la représentation symbolique de la pupille de cet œil ; si le même signe (petit point noir) est aperçu répété en cercle autour du dessin, il est associé au cadre et devient un simple motif décoratif autour la figure.

LES TÊTES COMPOSÉES

Giuseppe
Arcimboldo,
Le Printemps,
1573.
Huile sur toile
(76 x 63 cm),
musée du Louvre,
Paris.

Le peintre italien Giuseppe Arcimboldo (v. 1527-1593) réalise ici une allégorie du printemps qui appartient à la série des quatre saisons exécutée pour Ferdinand Ier de Habsbourg. Peintre de natures mortes et de bouquets floraux anthropomorphes, il est le peintre officiel de la cour de Prague et un artiste anobli.

Vu de près, le tableau représente le naturalisme des plantes et des fleurs juxtaposées. Vu de loin, la perception se modifie, le spectateur aperçoit le visage d'une jeune femme qui sourit, la tête de profil. Des fleurs, des tiges et des feuillages créent l'illusion de la peau (fleurs blan-

ches et roses), des cheveux (une couronne de fleurs multicolores), des bijoux et des vêtements (des feuilles et des plantes).

Le nez est un bouton de lis ; les yeux, des petites cerises et une fleur ; l'oreille, une tulipe ; la collerette est fabriquée avec des fleurs blanches ; un lis blanc est planté dans la chevelure.

Arcimboldo peint des portraits en juxtaposant et combinant des objets du quotidien qui correspondent et caractérisent le thème du personnage représenté. Dans ce tableau, la profusion des fleurs évoque la luxuriance du printemps et le renouveau de la nature.

HISTOIRE

CATÉGORIES ET GENRES

ÉLÉMENTS PLASTIQUES

TECHNIQUES

LIRE UN TABLEAU

CONSERVER/EXPOSER

Les formats du tableau

La découpe du format dessine les contours de l'œuvre, elle lui impose sa forme et lui donne son unité. Son contour et sa taille agissent comme un moule : ils installent virtuellement des figures géométriques qui déterminent la composition de l'image et dressent les limites du tableau.

Le rectangle

■ C'est le format le plus utilisé par les peintres. L'histoire de la peinture nous montre que le cadre rectangulaire du tableau correspond à la fenêtre virtuelle que la peinture ouvre sur le monde. Il correspond aussi à des facilités de fabrication (châssis et toiles) et à des règles d'harmonie avec l'architecture et le mur dans lesquels il s'intègre.

■ La structure rectangulaire implique le tracé des diagonales. Leur intersection détermine le centre du rectangle. La projection du centre détermine le milieu des quatre côtés. C'est autour de ce réseau concentrique que se construit la charpente de l'image. L'œil se déplace largement d'un bord à l'autre. Il est posé à l'horizontale pour les paysages et à la verticale pour les portraits.

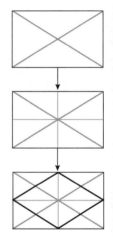

Le tondo

Tableau de forme ronde (de l'italien *rotondo*, « rond ») le tondo est un format en vogue dans l'Italie de la Renaissance pour décorer des objets quotidiens circulaires (coupes, plateaux, etc.). Dans ce format, la composition de l'image est organisée autour de son centre et de ses rayons. Les éléments s'enroulent autour du motif central ; le regard va directement à l'essentiel, vers le centre du cercle.

Le carré

■ Variation minimale du rectangle avec quatre côtés égaux, le carré est stable. Il reprend certaines caractéristiques du cercle : concentration et densification sur un même espace. Il attire le regard vers le milieu et sert aussi à encadrer le motif.

■ Posé sur la pointe, en losange, le carré crée une surface picturale libre, très fréquemment utilisée par les peintres abstraits.

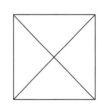

Les formats mixtes

Lorsqu'une peinture est destinée à s'intégrer dans une architecture complexe (dessus de porte, bas de plafond), le peintre dessine un format de tableau irrégulier. Il juxtapose différents gabarits et agence un format dont les contours se juxtaposent au profil du mur ou du plafond.

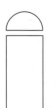

LE TABLEAU CINTRÉ

Le Greco, **Enterrement du comte d'Orgaz,** *1586-1588.*
Huile sur toile (4,80 x 3,60 m), église Santo Tomé, Tolède.

▪▪ Le tableau du Greco

Ce grand tableau est peint par le Greco (1541-1614) pour célébrer le miracle de l'enterrement du comte d'Orgaz : deux saints sont venus porter la dépouille du comte dans la tombe, pendant que son âme montait au ciel.

Le tableau est posé sur le mur d'une chapelle de l'église Santo Tomé, à Tolède. Il est accroché au-dessus de la tombe du comte. Son cadre imite le motif de la paroi sur laquelle il s'appuie. Le format est en étroite relation avec l'environnement architectural. Il fait référence au tympan de l'architecture des édifices religieux du Moyen Âge.

▪▪ Le format cintré

Ce tableau a la forme d'un arrondi en demi-cercle, posé sur un rectangle. Ce format inscrit une symétrie verticale de part et d'autre de l'axe médian, et une limite horizontale entre les deux espaces : une séparation linéaire sous le tympan (alignement régulier des têtes dans une étrange série de portraits de personnalités). Dans l'espace céleste, l'ornement prend la forme d'un trèfle, relié au monde d'en bas par des lignes serpentines qui parcourent la hauteur du tableau. À droite, le crucifix, vertical, fait la liaison entre les deux mondes.

HISTOIRE

CATÉGORIES ET GENRES

ÉLÉMENTS PLASTIQUES

TECHNIQUES

LIRE UN TABLEAU

CONSERVER/EXPOSER

Point de vue, cadrage et plan

Le peintre cadre sa composition : il choisit un point de vue particulier sur l'action représentée. Cet angle de vision guide ensuite le regard du spectateur et conditionne la lecture du tableau.

Le point de vue et l'angle de vision

▬ Le point de vue désigne la situation à partir de laquelle le peintre considère la scène ou le paysage qu'il représente sur sa toile : vue de face, vue par-dessous, vue par-dessus. Le point de vue témoigne de la relation visuelle et symbolique qui existe entre l'artiste et son sujet, de sa place et de sa distance (proximité, éloignement). C'est un choix important pour le peintre puisqu'il installe virtuellement le spectateur à sa place.

▬ Que cherche-t-il à montrer au spectateur, sous quel angle, avec quelles intentions ?
– *Dans un angle naturel de vision*, le peintre est debout, il regarde à hauteur d'homme : c'est un axe horizontal qui ne modifie pas notre vision de l'espace.
– *En plongée*, le peintre regarde la scène d'en haut, il domine l'action. L'angle de vision se resserre : les verticales sont écrasées, les distances, les objets et les personnages sont raccourcis, l'espace se comprime.
– *En contre-plongée*, le peintre regarde la scène d'en bas, il est dominé par l'action. L'angle de vision se détend : les personnages sont allongés, les objets grandissent, l'espace est en expansion.

Le champ, le hors-champ

▬ Le champ est la surface de vision que le peintre cadre dans les limites du tableau.

▬ Dans la peinture, l'espace de l'image ne se limite pas seulement au format et à la taille de la toile. Si le tableau nous apparaît comme une portion d'espace découpée par le peintre sur la totalité de la scène et du paysage, nous pouvons facilement entrevoir que le décor et l'action se poursuivent en dehors et sur les côtés de la toile, dans un espace imaginaire et invisible, le hors-champ.

▬ Suggéré grâce aux indices fournis par l'image, il s'étale à l'entour du tableau et déborde de l'image : chemins et objets (coupés par le cadre) que nous prolongeons mentalement, personnages qui regardent à l'extérieur du cadre, miroirs ou vaisselle qui reflètent les côtés du décor, invisibles sur la toile.

Le découpage des plans

▬ Les plans sont les surfaces planes virtuelles qui structurent successivement la profondeur de l'espace du tableau. Le premier plan correspond au devant de la scène, l'arrière-plan occupe le fond du tableau.

▬ Pour représenter la nature, le ciel, la mer, les plages et les collines, le peintre utilise le plan d'ensemble. Il cadre large, son angle de vision est ouvert, les personnages sont petits. Pour faire un portrait en pied, il utilise un plan moyen, qui cadre l'espace à la taille du modèle. Pour peindre une figure, il utilise le plan rapproché, qui découpe un petit fragment dans l'axe naturel de vision.

LE CADRAGE

Le plan moyen

Manet,
Le Fifre, 1866.
Huile sur toile
(160 x 98 cm),
musée d'Orsay,
Paris.

Le plan rapproché

Manet, Portrait de
Victorine Meurent, 1862.
Huile sur toile (43 x 43 cm),
Museum of Fine Arts,
Boston.

Le hors-champ

Nous sommes au centre d'un sujet cadré sur la serveuse et l'homme à la pipe. L'action « s'étale » dans l'inconnu et par-delà le format du cadre. Manet nous invite à reconstituer les parties manquantes de la scène.

Tous les objets et les personnages du tableau sont coupés par le bord du cadre ou cachés en partie.

Le visage de l'homme à la pipe se tourne vers l'extérieur de l'image. Il regarde et observe des actions invisibles sur la toile.

Manet,
La Serveuse de bocks, 1879.
Huile sur toile (77,5 x 65 cm),
musée d'Orsay, Paris.

HISTOIRE

CATÉGORIES ET GENRES

ÉLÉMENTS PLASTIQUES

TECHNIQUES

LIRE UN TABLEAU

CONSERVER/EXPOSER

La composition

Lorsqu'il fait ses premiers dessins préparatoires, le peintre agence et combine entre eux les éléments de sa peinture. Il détermine l'ordre, les répétitions et les correspondances formelles avec le format et la taille de l'œuvre. Cette phase de construction interne conditionne le regard du spectateur dans la lecture du tableau.

● Les lignes de force et l'ordonnancement

■ Les lignes de force dirigent l'organisation spatiale du tableau. Elles construisent l'équilibre de l'image. Ce sont des axes tracés réellement dans l'image (ligne d'horizon, bord de mur, etc.) ou induits virtuellement par la lecture des plans et des masses colorées (limites de contraste, zones de lumière, etc.). Il existe deux grands types d'ordonnancement d'un tableau.

– *L'ordonnancement statique* est déterminé par des lignes droites parallèles et orthogonales à la bordure du cadre. Les lignes de force donnent une sensation d'ordre et de stabilité. Les objets et les figures se succèdent régulièrement sur un axe, horizontal ou vertical, sans décrochements brutaux.

– *Le déséquilibre dynamique* est dû aux lignes de force posées sur les diagonales du tableau. Elles courent dans tous les sens. Orientées dans des directions opposées, elles contredisent la structure rectiligne du cadre et provoquent une impression de mouvement ou de désordre. L'artiste trace de larges courbes et de grandes arabesques qui traversent le format de part en part.

● Les différents types de composition

Triangulaire ou pyramidale
L'image est structurée par les deux côtés du triangle qui conduisent le regard vers le sommet du tableau.

Circulaire
La composition est centrée sur un détail (portrait). Elle crée un puissant effet de symétrie concentrique.

En diagonale
La composition est dynamique, elle coupe le tableau en deux, l'œil est « aspiré » par la ligne oblique.

● Les rythmes constructifs

Ce sont les combinaisons et les agencements des éléments du tableau qui ont pour but de conditionner l'expressivité de sa lecture. Le peintre compose un équilibre de longues lignes d'horizon et d'alignement de larges surfaces planes ou multiplie à profusion des motifs bigarrés et des lignes brisées.

● Le centre d'intérêt

C'est le point de l'image où le spectateur fixe son regard, la partie de la composition autour de laquelle le sujet s'organise : l'œil doit être attiré vers ce centre d'intérêt. Les éléments du tableau sont mis en valeur s'ils se trouvent à proximité.

LE NOMBRE D'OR ET LA DIVINE PROPORTION

La formule de Pythagore

Pour construire un rectangle parfait (plan d'un temple, format d'un tableau), les artistes cherchent une proportion idéale entre les deux côtés (longueur et largeur). Ils cherchent ainsi à partager assymétriquement une droite dans de justes proportions.

Dans la Grèce antique, l'école du philosophe mathématicien Pythagore trouve une formule algébrique qui détermine la taille idéale de ces deux segments (deux côtés). Le chiffre obtenu par cette formule prendra le nom de nombre d'or (association symbolique avec la pureté de ce métal).

La formule est la suivante :

comme AC = AB + BC,

on trouve $\dfrac{AB}{BC} = \dfrac{AB + BC}{AB}$,

donc $AB^2 = AB + BC^2$.

En donnant la valeur 1 à BC (le côté le plus petit),

on trouve $AB^2 - AB = 1$,

donc $AB^2 - AB - 1 = 0$.

La racine positive de cette équation est

$\dfrac{1 + \sqrt{5}}{2} = 1{,}618$, soit le nombre d'or.

La divine proportion

Les peintres peuvent utiliser la formule du nombre d'or pour établir les proportions du format du tableau.

Soit le côté AB. On trace en B une droite BC à angle droit de AB tel que BC égale la moitié de AB. Sur CA, on reporte la longueur CB en D. Sur AB, on reporte la longueur AD en E. Les points A, E et B sont en proportion d'or :

$$\frac{a}{b} = \frac{a + b}{a}$$

Le peintre peut alors choisir les longueurs AE et EB pour construire un format « idéalement » proportionné.

Le nombre d'or détermine aussi l'emplacement « idéal » des axes de composition. L'artiste calcule sur chaque côté du tableau la place du nombre d'or (φ).

Il trace ensuite virtuellement l'axe sur lequel il va composer les détails importants de l'image. Cette proportion esthétique exprime la beauté parfaite et divine pour les Anciens.

Une formule toujours d'actualité

La formule est maintenue au Moyen Âge par les bâtisseurs qui la transmettent aux peintres de la Renaissance. Elle est étudiée et mise en application par Léonard de Vinci et Albrecht Dürer.

Délaissée par la suite, il faut attendre les débuts du XXe siècle pour retrouver l'usage de la divine proportion. Jacques Villon (1875-1963) organise en 1912 l'exposition de la Section d'or. Cette exposition réunit les peintres cubistes qui raisonnent sur les principes d'harmonie du nombre d'or.

Aujourd'hui, l'usage de la divine proportion est encore d'actualité pour les artistes qui s'inspirent de la culture classique et revendiquent l'ordre classique hérité de la Grèce antique dans la fabrication des formats et la composition de l'image peinte.

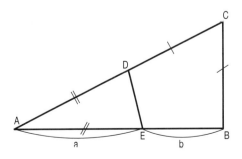

HISTOIRE

CATÉGORIES ET GENRES

ÉLÉMENTS PLASTIQUES

TECHNIQUES

LIRE UN TABLEAU

CONSERVER/EXPOSER

La perspective classique

Système de représentation géométrique qui permet de représenter sur la surface du tableau (à deux dimensions) l'illusion visuelle d'un espace en profondeur (à trois dimensions), la perspective donne au spectateur le sentiment de participer à l'action, traduite par le peintre, comme vue à travers un cadre.

● Les règles de construction

■ À Florence au début du xvᵉ siècle, les architectes et artistes Leon Battista Alberti (1404-1472) et Filippo Brunelleschi (1377-1446) fondent le principe de la représentation géométrique d'un espace à trois dimensions sur la surface plane du tableau. « Je trace un rectangle de la taille qui me plaît, et j'imagine que c'est une fenêtre ouverte par laquelle je regarde tout ce qui sera représenté », écrit Alberti.

■ Il existe trois principes de base pour réaliser une bonne perspective.

– *L'unicité du point de vue.* La scène est représentée sous un seul point de vue, celui déterminé par la position de travail du peintre. C'est à partir de cet endroit que la construction du tableau est effectuée et que l'illusion visuelle est organisée.

– *Le point de fuite.* Toutes les lignes horizontales en profondeur doivent converger vers le même et unique point de fuite. C'est lui qui détermine l'incidence du point de vue du peintre et de l'observateur (scène vue d'en haut, de près, de loin, etc.).

– *Le raccourcissement.* La taille des figures diminue au fur et à mesure de leur déplacement dans la profondeur du tableau et de leur éloignement du spectateur.

Albrecht Dürer,
Théorie de la perspective (Dessinateur de la femme couchée), *1525.*
Bois gravé, Bibliothèque nationale, Paris.

● La perspective frontale

L'objet mis en perspective présente une face parallèle au plan de vision du spectateur (au plan du tableau). Toutes les lignes horizontales en profondeur rejoignent un seul point de fuite sur la ligne d'horizon, à la hauteur de l'œil du peintre.

● La perspective oblique

L'objet représenté est installé dans l'axe oblique au plan de vision du spectateur. Toutes les lignes horizontales en profondeur rejoignent deux points de fuite, situés aux deux extrémités de la ligne d'horizon, à la hauteur de l'œil du peintre.

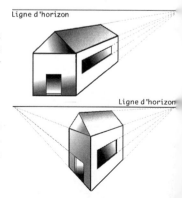

Ligne d'horizon

Ligne d'horizon

LES CONSTRUCTIONS GÉOMÉTRIQUES

◼ Espace rectiligne et perspective centrale

Dans le tableau d'Édouard Manet, *La Rue Mosnier aux paveurs,* la perspective est centrale. La composition a des règles d'harmonie classique : l'œil du spectateur est attiré par le point de fuite situé au fond du tableau. De l'image se dégagent une impression d'équilibre, de stabilité et une forte suggestion de profondeur.

◼ Espace courbe et perspective curviligne

La perspective curviligne est un type de projection géométrique qui cherche à reconstituer la vision circulaire et dynamique de l'œil. Le peintre transcrit le galbe sphérique du champ visuel ; il figure une image arrondie, comme projetée à la surface d'un écran sphérique. Les lignes droites apparaissent cintrées et s'incurvent aux deux extrémités du tableau.

On parle d'espace courbe à propos d'une œuvre de Vincent Van Gogh, *La Chambre de Van Gogh à Arles*. L'artiste laisse son regard circuler librement dans l'espace de cette pièce. Chaque objet est autonome. Il est peint dans son propre espace perspectif : c'est la « boîte des murs » qui donne à ce lieu un cadre et une unité. En bas du tableau, les lignes des carreaux du sol dessinent des cercles concentriques. À gauche et à droite, sur le premier plan, les pieds de la chaise et du lit sont disposés en diagonale. Ils accompagnent la rotondité de cet espace curviligne.

Édouard Manet, **La Rue Mosnier aux paveurs,** *1878.*
Huile sur toile (65,5 x 81,5 cm),
collection particulière.

Vincent Van Gogh, La Chambre de Van Gogh à Arles, *1889.*
Huile sur toile (57 x 74 cm),
musée d'Orsay, Paris.

HISTOIRE

CATÉGORIES ET GENRES

ÉLÉMENTS PLASTIQUES

TECHNIQUES

LIRE UN TABLEAU

CONSERVER/EXPOSER

L'anamorphose

Le peintre dessine l'anamorphose à l'aide d'une grille géométrique qui déconstruit les images. Cette déformation est ensuite « redressée » par le spectateur qui, au moment de la lecture du tableau, doit se placer à un certain angle de vue ou s'aider d'un miroir pour retrouver les justes proportions du motif.

● La perspective curieuse

Le terme « anamorphose » apparaît au XVIIe siècle. Il désigne le procédé de déformation des images qui oblige le spectateur à rétablir le réalisme du dessin en regardant le tableau sous un angle de lecture déterminé. La perspective anamorphosique se développe aux XVIe et XVIIe siècles en France. Liée à l'idée d'artifice, elle est admirée dans les cabinets de curiosités, c'est un merveilleux secret connu seulement de quelques initiés. Retrouvée par les surréalistes et les artistes du XXe siècle, elle sert aujourd'hui à questionner le spectateur sur la perception du réel, la multiplication des sens et l'ambiguïté de la vision.

● La vision oblique

Au XVIe siècle, dans les premières anamorphoses, l'image est allongée géométriquement pour perdre son aspect figuratif. Le spectateur ne découvre le sujet que dans une position de lecture « en oblique », sur le côté tangent du tableau. Exploité en décoration architectonique, le motif est projeté sur toute la longueur du mur d'un couloir. Le spectateur, en se déplaçant, perçoit alors différents motifs.

● Les effets de miroir (anamorphose catoptrique)

▬ À partir du XVIIe siècle, un nouvel outil, le miroir, est utilisé. Il va aider le spectateur à rétablir le bon angle de vision. Placé sur l'image, convenablement incliné, il redonne à l'objet ses proportions normales.

▬ C'est aussi un miroir cylindrique ou conique, posé au milieu d'une image circulaire très déformée et inversée.

▬ La manipulation est simplifiée : l'angle de réflexion (l'inclinaison du miroir) remplace l'angle de vision (position décentrée du spectateur). Le dessin entoure la base du miroir, il est déformé, arrondi et dilaté. L'observateur perçoit simultanément l'image de l'objet déformé et son reflet redressé dans la glace.

Anamorphose du XIXe s., anonyme. Bibliothèque nationale, Paris.

LES IMAGES SECRÈTES

◆ Un tableau traditionnel...

Hans Holbein (v. 1497-1543) représente deux jeunes ambassadeurs français à la cour du roi d'Angleterre : Jean de Dinteville, seigneur de Polisy (29 ans), en veste à fourrure d'hermine, une dague à la main droite, et Georges de Selve (24 ans), évêque de Lavours, en soutane et bonnet carré.

Ils s'appuient de part et d'autre d'une table recouverte d'un tapis avec des objets symboliques : des appareils pour observer et mesurer le monde (globe céleste, instruments d'astronomie, horloge solaire, globe terrestre, équerre, compas), des livres et un instrument de musique (luth). Cette nature morte expose les outils de la science et les attributs du monde terrestre éphémère.

◆ ... mais avec une image secrète

Une forme ovoïde flotte en diagonale, en bas au milieu du tableau. Le spectateur doit alors chercher l'endroit le plus propice pour « redresser » cette anamorphose et reconnaître (en regardant le tableau en vision oblique) l'image d'un crâne. Cet ossement est ici pour Holbein la représentation métaphorique du triomphe de la mort sur les hommes de culture, de pouvoir et de science. Il oppose la vanité scientifique des hommes à la vérité céleste de Dieu (évoquée par un petit crucifix d'argent en haut à gauche, discrètement caché par le rideau de soie du fond).

La mosaïque du tableau reproduit presque à l'identique la décoration du pavement, alors récent, du sol de l'abbaye de Westminster.

HISTOIRE

CATÉGORIES ET GENRES

ÉLÉMENTS PLASTIQUES

TECHNIQUES

LIRE UN TABLEAU

CONSERVER/EXPOSER

Symboles, emblèmes

Jusqu'à la fin du xixᵉ siècle, il était courant pour les artistes de transposer la réalité dans leurs œuvres par l'intermédiaire de signes allégoriques ou symboliques. Les blasons et les emblèmes qui ornaient les tableaux répondaient aussi à la même fonction.

● Les continents

▬ L'Europe est le continent de la sagesse et de la science. Elle est symbolisée par la couronne et le sceptre. Ses attributs sont la corne d'abondance, les outils et les instruments scientifiques. Son animal symbolique est le cheval.

▬ L'Asie est le continent des épices et des traditions orientales. Ses attributs sont les fleurs, les joyaux, l'encens et les palmes du désert. Son animal est le chameau.

▬ L'Amérique est montrée avec les objets des Indiens : l'arc, les flèches et les parures de plumes. Son animal est le caïman.

▬ L'Afrique est une femme à la peau noire. Ses symboles sont le corail et les animaux exotiques : le lion, l'éléphant, le scorpion et le serpent.

● Anges et démons

▬ Le paradis céleste est peuplé d'anges. Ils ont une, deux ou trois paires d'ailes qui recouvrent leurs « corps » asexués. Les séraphins sont des anges rouges qui symbolisent le feu. Les chérubins sont des anges bleus qui représentent le ciel. Les autres anges, messagers ou guerriers, sont vêtus d'une armure ou d'une chasuble blanche.

▬ L'enfer est peuplé de démons. Ce sont de petits anges noirs avec des cornes, des ailes et une queue fourchue. Ils portent une fourche et ils crachent des flammes.

● Les saisons

▬ L'automne : des feuilles de vigne et du raisin, des illustrations de vendanges, de tonneaux et de pressoirs… Bacchus, le dieu du Vin.

▬ L'hiver : des scènes d'intérieur, un repas, un vieillard près du feu, des images de la neige et du patinage sur les étangs gelés… Vulcain, le dieu du Feu.

▬ Le printemps : des guirlandes et des bouquets de fleurs, l'évocation du dieu de l'Amour : arc, flèches, carquois… Vénus, la déesse de l'Amour.

▬ L'été : des coupes de fruits mûrs, une faucille et des épis de blé, des meules de foin, la représentation des moissons et de la baignade… Cérès, la déesse de la Terre.

● Blasons et emblèmes

▬ Le dessin d'un blason identifie l'ensemble d'une famille noble, d'une ville, d'une corporation.

▬ L'emblème caractérise une seule personne : roi, héros, guerrier. Cette image personnelle est accompagnée d'une devise qui l'explicite.

« Notrisco al buono, stingo al reo. »
« Je nourris ce qui est bon,
je détruis ce qui est mauvais. »
La légende veut que la salamandre soit un animal insensible au feu, elle est aussi douée du pouvoir de l'éteindre. C'est l'emblème de François Iᵉʳ (1494-1547).

LES CINQ SENS ET LES QUATRE ÉLÉMENTS

◗ Les cinq sens

Chacun des cinq sens est associé à un objet ou un animal qui caractérise une activité sensorielle. L'ouïe : les instruments de musique et le cerf. Le goût : les fruits, nourritures, boissons et le singe avec un fruit dans la bouche. Le toucher : les jeux de cartes, damiers, pièces de monnaie et le hérisson ou l'hermine. L'odorat : les fleurs et les parfums, le chien. La vue : les miroirs, les reflets dans les armures, les plats en étain, l'aigle.

La peinture du Moyen Âge et de la Renaissance établit aussi des symboles entre nos cinq sens et l'histoire divine relatée par la Bible. La vue est associée au miroir et à la tentation (Adam et Ève chassés du Paradis), l'ouïe aux prédications des saints et des apôtres, le goût à la multiplication des pains et du vin des noces de Cana, l'odorat à l'onction du Christ par Marie-Madeleine et le toucher aux miracles de Jésus (qui touche les malades ou qui marche sur les eaux).

◗ Les quatre éléments

Les quatre éléments sont symbolisés par un répertoire conventionnel d'appartenances et de ressemblances :
– le feu : salamandres, foudre, phénix et Vulcain, le dieu des Forges ;
– la terre : serpents, scorpions, plantes, fruits et Cérès, la déesse de l'Agriculture ;
– l'eau : fontaines, dauphins et Neptune, le dieu de la Mer ;
– l'air : oiseaux, bulles de savon et la déesse Junon (épouse de Jupiter, qui a été suspendue dans les cieux au bout d'une corde d'or, des enclumes attachées à ses pieds par son mari en punition pour sa désobéissance).

Dans le tableau de Jacques Linard (1600-1645), on retrouve le symbole des quatre éléments. Le feu : la forge ; l'air : l'oiseau ; la terre : les racines ; l'eau : le vase rempli. Les cinq sens sont représentés. L'ouïe : l'instrument de musique ; le goût : les fruits ; l'odorat : les fleurs ; le toucher : les cartes à jouer ; la vue : le miroir.

Jacques
Linard,
Les Cinq Sens
et les Quatre
Éléments,
1627.
Huile sur toile
(105 x 155 cm),
musée du
Louvre, Paris.

HISTOIRE

CATÉGORIES ET GENRES

ÉLÉMENTS PLASTIQUES

TECHNIQUES

LIRE UN TABLEAU

CONSERVER/EXPOSER

L'écriture dans le tableau

Le peintre utilise parfois la langue écrite dans son tableau. Il peut utiliser le dessin de la lettre pour la beauté de sa ligne graphique. Mais souvent, la lecture et le décodage du texte peint renvoient à une signification précise. Ils complètent la perception et la compréhension de l'image.

La signature

Depuis la fin du Moyen Âge, avec l'apparition des premiers collectionneurs de peinture, l'artiste cherche à authentifier son œuvre. Il inscrit son nom sur la toile ou il signe son tableau. Par convention, la signature est en bas du tableau. À la Renaissance, écrit en latin, le nom est souvent tracé en lettres cursives ou en caractères romains, suivi du verbe latin *fecit* (« m'a fait ») ou *pinxit* (« m'a peint »). La signature s'intègre parfois dans la composition picturale du tableau. Elle est inscrite sur une pierre, un ornement d'architecture ou brodée dans un tissu.

Le nom, la date

Pour les portraits des rois et de la noblesse, le peintre écrit de part et d'autre du visage (sur le fond sombre du tableau), ou dans un écu, ou dans un blason posé sur l'un des murs du décor. Il dessine le nom du personnage, indique ses titres de noblesse, sa devise et la localisation géographique de son domaine. L'artiste peut aussi notifier l'âge de son modèle, pour dater son travail et témoigner de la bonne ressemblance de son portrait à un âge bien précis.

Les mots

■■■ Un mot ou une phrase peuvent être écrits en toutes lettres dans une image. Le sens linguistique des mots suggère une forme, une image, une idée. Si le peintre écrit dans son tableau le mot fleur, il induit pour le spectateur la découverte de l'image d'une fleur.

■■■ Dans les années 30, le peintre surréaliste René Magritte (1898-1967) formalise picturalement des jeux de mots. Il brouille les repères visuels et linguistiques du spectateur en créant des associations illogiques entre les mots et les images. Il choisit de peindre l'image d'un œuf pour écrire ensuite au-dessous le mot acacia. Il expose aussi la différence de nature qui existe entre la réalité concrète d'un objet réel (une pipe : construite en bois pour fumer du tabac) et son image peinte (sa représentation).

Magritte, La Trahison des images, 1929. *County Museum of Art, Los Angeles.*

Le phylactère

Le phylactère est un rouleau de parchemin, ou une banderole, représenté déployé et déroulé. On y retrouve les paroles dites par les acteurs de la scène. Le peintre y écrit les phrases des légendes et les sentences des histoires représentées. Placé à côté des personnages ou étalé dans le décor, le phylactère occupe la même fonction que les bulles des bandes dessinées d'aujourd'hui.

SIGNATURES DE PEINTRES

◼ Alfred Sisley

Sisley, Rue de la Chaussée à Argenteuil, *1872.*
Huile sur toile (46,5 x 66 cm), musée d'Orsay, Paris.

◼ Albrecht Dürer

Ce monogramme a été le plus couramment
utilisé par Dürer.

Dans ce dessin,
La Vénitienne
(vers 1495-
1510, musée
de l'Albertina,
Vienne), Dürer
utilise un autre
monogramme.

HISTOIRE

CATÉGORIES ET GENRES

ÉLÉMENTS PLASTIQUES

TECHNIQUES

LIRE UN TABLEAU

CONSERVER/EXPOSER

Repentir et repeint

Le repentir désigne la trace plus ou moins visible des transformations décidées par l'artiste au cours de l'avancement de son travail pictural. Le repeint est un ajout ou un recouvrement partiel dû à l'intervention d'un autre peintre, commandité ou non, ou à une restauration.

● Le repentir pictural

■ Le repentir reflète l'exigence du regard de l'artiste au cours de son travail de création, lequel, dans un travail déjà avancé et au vu de l'ensemble, tient à parfaire ou à transformer un contour, une couleur qui ne lui semble plus en harmonie et ne lui convient plus. Cette intervention, tardive dans l'exécution, est distincte de l'ébauche, qui se situe en amont de la réalisation.

■ C'est la peinture à l'huile qui a rendu possible le repentir, qui n'existe pas dans la technique de la tempera où la reprise est pratiquement irréalisable en raison de la rapidité du séchage. La peinture à l'huile, en restant malléable un certain temps, permet au peintre d'effacer partiellement la première couche de couleur et de la reprendre afin d'apporter la modification souhaitée. Le recouvrement d'un glacis ou le travail dans la pâte qui s'ensuit est une opération délicate qui exige l'isolement des deux surfaces (partie effacée et repeinte) pour éviter que le dessous ne revienne à la surface. Le choix primitif réapparaît fréquemment ; la couche picturale s'amenuise avec le temps (robes, position des pieds chez Watteau), la composition chimique des couleurs en fait remonter certaines à la surface de la toile et provoque des embus, surfaces ternes et mates (Rembrandt) et trahissent le repentir, à moins qu'il ne s'affiche délibérément (Picasso).

● Le repentir du peintre : un privilège d'artiste

Il arrive qu'un artiste renie une partie de son travail et en décide la destruction, ce qui fut le cas de Botticelli (1445-1510). Le peintre, en proie à une profonde crise mystique à la suite de prédications de Savonarole sur la dégradation de mœurs, brûla des toiles en sa possession, convaincu de leur frivolité. Second privilège d'artiste, l'effacement de sa signature, sur un tableau dont il est encore en possession.

● Le repeint

Les repeints sont fréquents dans l'histoire de la peinture. Phénomène de mode, ordre moral, motifs économiques ou décision du restaurateur en sont les causes. Les peintures religieuses du Moyen Âge, jugées barbares par la Renaissance, ont souvent été remaniées au goût du jour ou recouvertes. À la fin du XVIe s., sous l'influence de la Contre-Réforme, un peintre fut chargé de voiler la nudité des corps de la chapelle Sixtine peints par Michel-Ange. Il en fut de même pour les tableaux religieux de la Vierge Marie, dont le décolleté fut recouvert. Un œil exercé, une restauration ou les rayons des laboratoires débusquent une peinture remaniée. Transformation de la forme (pied du *Saint Michel* de Raphaël), de la couleur d'un vêtement, rétrécissement d'une coiffure (*Joueurs de cartes* de La Tour), ajout d'un personnage ou repeint d'un espace endommagé, telles sont les principales formes de repeints, sans compter les supports déjà peints que les peintres se sont appropriés.

VISIBLES OU DÉCOUVERTS

◼ Picasso

Le repentir volontairement apparent (fréquent chez Picasso) suggère le mouvement et participe à la traduction de la vie, alors que le fils de l'artiste, Paul, pose sagement assis.

◼ Vélasquez

Les Ménines présente un repeint que l'artiste, friand d'honneurs, n'aurait pas refusé. Le roi Philippe IV d'Espagne fit peindre la croix de Malte sur la poitrine de Vélasquez quelque temps après sa mort, en hommage posthume à son peintre et ami.

Picasso, **Paul en costume d'Arlequin,** *1924.*
Huile sur toile (130 x 97 cm),
musée Picasso, Paris.

Vélasquez, **Les Ménines** *(détail), 1656.*
Huile sur toile (3,18 x 2,76 m),
musée du Prado, Madrid.

◼ Véronèse

La restauration a révélé, au grand étonnement de tous, que ce manteau brun-rouge était un repeint réalisé sans doute peu après l'achèvement de la toile et que quatre siècles avaient ignoré. Son nettoyage, après consultation et autorisation d'une commission d'experts internationaux, a dévoilé les drapés du vêtement et un vert somptueux inattendu.

Véronèse, **Les Noces de Cana** *(détail),*
1562-1563. Huile sur toile (6,66 x 9,90 m),
musée du Louvre, Paris.

HISTOIRE

CATÉGORIES ET GENRES

ÉLÉMENTS PLASTIQUES

TECHNIQUES

LIRE UN TABLEAU

CONSERVER/EXPOSER

Le musée : fonctions et missions

Le musée a pour fonction la conservation des collections permanentes qu'il abrite et pour missions la gestion et la présentation de ce patrimoine au public.

● Les fonctions

■ Le musée est avant tout un lieu de conservation : il abrite et préserve une collection permanente d'objets et de peintures qui appartiennent au patrimoine national.

■ La seconde fonction du musée est la mise à disposition du public de ses collections. Les objets et les peintures y sont donc exposés et donnés à voir, moyennant ou non un droit d'entrée. Un musée n'expose pas toutes les œuvres en sa possession. Certaines pièces secondaires sont accessibles aux seuls spécialistes. En ce qui concerne la peinture, le manque de place, de cohérence par rapport aux toiles déjà exposées, un mauvais état de conservation ou une valeur discutable font que certaines toiles restent dans les réserves.

● Les missions du musée

■ *Gérer et accroître les collections.* Cette mission d'acquisition nécessaire à toute collection implique des choix culturels et une politique d'achat cohérente (patrimoine national) soutenue par des moyens financiers. Ces fonds peuvent provenir du musée lui-même, de souscriptions, de dons ou d'une aide de l'État par la Réunion des musées nationaux (RMN).

■ *Conserver* est une mission d'étude, de classement, d'entretien et de sécurité. Toute œuvre entrée à l'inventaire d'un musée lui appartient définitivement. Chaque peinture achetée, reçue en don ou prêtée par l'État est inventoriée (identifiée) sur un registre où figurent, en regard d'un numéro d'inventaire, le nom de l'artiste, lorsque celui-ci est connu, le titre et la date de l'œuvre, la technique picturale utilisée, la nature et la taille du support, un descriptif, la provenance et la date d'entrée au musée.

■ *Faire connaître.* Le musée a la mission d'instruire le public, de lui présenter les grandes œuvres tout en lui facilitant l'accès aux collections. Afin de l'inviter à fréquenter ses lieux, il varie les expositions, publie, s'adjoint un service pédagogique à destination du jeune public et a instauré en novembre « L'invitation au musée ».

● Les laboratoires : mieux connaître pour préserver

La création de laboratoires spécialisés communs au CNRS et au ministère de la Culture a permis le développement de la recherche. Elle porte sur la date, l'état de conservation et la structure des œuvres (pigments et supports). L'analyse scientifique est devenue un outil précieux. Elle permet d'affiner le travail et les connaissances des conservateurs. Bien que les découvertes scientifiques complètent le savoir des professionnels de la conservation et des historiens d'art, elles ne permettent pas toujours de trancher dans le cas d'attributions incertaines, à l'exemple du *Concert champêtre* dit de Titien, longtemps attribué à Giorgione.

LE MUSÉE DU LOUVRE

■ Du palais royal au musée

L'histoire du Louvre, forteresse, palais royal puis musée, est liée à l'histoire de France. De la forteresse de Philippe Auguste (1190) au projet d'aménagement du Grand Louvre décidé par F. Mitterrand en 1981 et réalisé de 1984 à 1993 par Ieoh Ming Pei, le palais se sera agrandi et modifié. La collection royale du Louvre doit son origine aux œuvres prestigieuses acquises par François Ier. Ses successeurs perpétueront un mécénat d'État qui se prolongera sous la République.

■ Le Louvre offre aux artistes la Grande Galerie et le Salon carré

En 1682, Louis XIV abandonne le Louvre pour Versailles. Dix ans plus tard, l'Académie de peinture et de sculpture s'installe au Louvre, ainsi que quelques artistes logés par le roi (Chardin, David, etc.). Cette décision renoue avec la tradition antique du musée d'Alexandrie, qui entretenait aux frais du public les intellectuels que l'on voulait honorer.

En 1699, l'exposition de l'Académie royale s'installe dans la Grande Galerie puis, à partir de 1725, le salon carré du Louvre l'accueille, lui donnant son nom de Salon. En 1747, les artistes réclament l'exposition des collections royales ; l'avènement des musées publics semble incontournable.

■ Le musée du Louvre

La Révolution française engage l'appropriation des biens nationaux et crée un lieu neutre, le musée, qui fait abstraction de tout contexte religieux et symbolique. Elle instaure quatre domaines, toujours d'actualité : les arts, l'histoire, les sciences de la nature et les techniques. Afin d'échapper au pillage et à la destruction, les pièces des maisons royales sont regroupées en urgence au Louvre.

Le 10 août 1793, date anniversaire de la chute de la royauté, la Convention décide d'ouvrir la Grande Galerie du Louvre et les collections royales au public.

■ Le nouveau ou Grand Louvre

Le Louvre, après des travaux d'aménagement et d'agrandissement (ouverture de l'aile Richelieu en 1993) qui ont doublé sa surface d'exposition, est devenu le plus grand musée du monde avec 43 000 m^2 de salles. Quatre-vingt-dix pour cent de ses chefs-d'œuvre y sont exposés en permanence. Il reçoit environ cinq millions de visiteurs par an. Ce musée regroupe toutes les formes d'art jusqu'au XIXe siècle en sept départements. Le Salon carré est la salle la plus prestigieuse, il expose les chefs-d'œuvre du XVIe siècle de la peinture italienne.

L'inauguration du Grand Louvre a eu lieu le 10 août 1993, date du bicentenaire de sa création.

Hubert Robert, La Grande Galerie du Louvre, entre 1801 et 1803. *musée du Louvre, Paris.*

HISTOIRE

CATÉGORIES ET GENRES

ÉLÉMENTS PLASTIQUES

TECHNIQUES

LIRE UN TABLEAU

CONSERVER/EXPOSER

Le musée : une organisation administrative

Les dons sont souvent à l'origine des collections princières devenues patrimoine national. En France, ces institutions publiques sont placées sous la tutelle du ministère de la Culture.

◉ Des collections particulières aux musées

▬ Si la notion de musée apparaît à la Renaissance, les « trésors » dans les temples antiques et les églises médiévales attestent déjà l'existence de collections. Dès le XVIe s., à la suite des Médicis, les princes d'Europe regroupent des objets d'art dont des peintures. De ces collections prestigieuses naîtront les grands musées européens. Le XVIIIe s., siècle des Lumières, favorise l'éclosion des musées en Europe. Ils sont créés pour que « le peuple voie et s'instruise ». En France, les musées sont une fondation révolutionnaire : la saisie des biens nationaux et religieux imposa la création de lieux neutres où ils pourraient être exposés et abrités du vandalisme.

▬ La tradition de dons, de legs de collectionneurs, d'artistes contribue à enrichir ou à créer des musées (legs Rothschild, G. Moreau, collection Fabre, etc.). En 1894, Caillebotte lègue à l'État français 65 tableaux impressionnistes dont 37 sont acceptés.

▬ La dation est la possibilité faite aux héritiers de s'acquitter des droits de succession en œuvres données à l'État. C'est ainsi que fut créé le musée Picasso.

◉ Les catégories de musées

▬ En France, les musées publics sont répartis selon trois catégories : les musées nationaux administrés par l'État, les musées classés, dotés d'un conservateur fonctionnaire de l'État, et les musées contrôlés, qui emploient des agents de la collectivité locale ou territoriale, ces musées étant placés sous tutelle de l'État.

▬ La majorité des musées du monde sont des fondations privées, notamment aux États-Unis (plus de 6 000) où les avantages fiscaux encouragent les donateurs. Environ 18 000 musées dans le monde sont consacrés à la peinture.

◉ Organismes de tutelle

▬ La Direction des musées de France appartient au ministère de la Culture. Elle gère les palais et musées nationaux, contrôle les sorties des œuvres d'art du territoire national et possède un droit de préemption : priorité d'achat en vente publique.

▬ La Réunion des musées nationaux, service commercial, dépend de la Direction des musées de France. Elle vit des droits d'entrée des musées nationaux, des publications et des produits dérivés. Ces ressources sont imputées, pour le compte de l'État, aux achats destinés aux musées.

▬ En 1982, l'État français se dote d'une Commission nationale aux arts plastiques (CNAP) dont la vocation est de commander des œuvres aux artistes pour le compte de l'État, de gérer les écoles nationales d'art et de superviser le FNAC (Fonds national d'art contemporain). Celui-ci et les FRAC (régionaux) achètent et répartissent les œuvres dans les musées, ministères, etc., et ouvrent de nouveaux lieux.

▬ Le FRAM, Fonds régional des acquisitions des musées, soutient les achats des conservateurs.

LES MÉTIERS ATTACHÉS À LA CONSERVATION

■ Le conservateur

Le conservateur est un agent de l'État ou des collectivités territoriales. Véritable chef d'entreprise, il est à la fois responsable de la conservation d'un patrimoine et gestionnaire d'objets d'art ainsi que du personnel attaché à son service. À la mission de conservation (recherche, inventaire, identification) s'ajoute la recherche scientifique, qui se concrétise par la publication de catalogues, de monographies, de thèses… Quelle que soit l'importance du musée, le conservateur gère un budget important. Ce poste comprend les salaires du personnel, la mise en place d'expositions, l'achat et la restauration d'œuvres. Il lui incombe également de mettre en place des animations, des conférences, un service éducatif tourné vers le jeune public, des expositions, autant d'activités déléguées ou non sur lesquelles il doit veiller et qui font de ce métier une fonction ouverte et active.

En tant que fonctionnaire, le conservateur est soumis à l'obligation de réserve, il ne lui est pas permis d'exercer un commerce d'art (vente ou expertise) à titre privé.

La formation se déroule en deux temps : la formation initiale à l'école du Louvre ou à l'université, puis la formation à l'École nationale du patrimoine à Paris, accessible par concours, qui ouvre directement aux professions de la conservation des musées, des archives, des bibliothèques, de l'inventaire, ainsi qu'à celles de l'archéologie.

La profession est hiérarchisée en conservateurs en chef, conservateurs de première et de seconde classe. S'y ajoutent quelques inspecteurs généraux des musées qui couvrent l'ensemble des musées nationaux, classés et contrôlés.

Le recrutement s'effectue sur liste d'aptitude en fonction des places disponibles et des spécialités. Les grands musées organisent leur propre concours.

■ Les assistants à la conservation

Des assistants qualifiés du patrimoine et des assistants (du patrimoine) secondent les conservateurs dans leurs missions de documentation et d'animation. Il n'existe aucune filière spécifique de formation, mais un diplôme d'histoire de l'art est indispensable.

■ Les conférenciers

Les conférenciers dépendent de la Réunion des musées nationaux et sont inscrits sur une liste d'aptitude. Rétribués à la vacation, ils sont dans une situation professionnelle précaire, bien que la demande de visites-conférences soit en augmentation et que de nombreux musées territoriaux aient recours à leurs compétences et les emploient à plein temps. Ce métier devrait connaître à court terme une profonde restructuration déjà amorcée par le décret du 12 juin 2005.

■ Le gardien ou agent de surveillance

Ce personnel du musée assure la sécurité des œuvres de jour ou de nuit ainsi que la réalisation de travaux dans les petits musées. Les agents sont recrutés sur concours niveau troisième, mais le baccalauréat est exigé pour le personnel d'encadrement. Les candidats retenus suivent un stage de formation. Pour fonctionner, les musées emploient un nombre important d'agents (deux pour un poste de travail). Dès la fermeture des portes au public, de nouvelles équipes prennent la relève. La rotation du personnel, de ses jours de repos et de congé explique que certaines salles ne soient pas ouvertes en permanence par manque d'agents de sécurité disponibles.

HISTOIRE

CATÉGORIES ET GENRES

ÉLÉMENTS PLASTIQUES

TECHNIQUES

LIRE UN TABLEAU

CONSERVER/EXPOSER

Les expositions

Les expositions rythment dorénavant la vie culturelle. L'importance des manifestations et leur médiatisation ont généré des stratégies commerciales et de communication sans précédent. Les enjeux des expositions sont aussi la révélation d'artistes et la reconnaissance d'un travail scientifique.

Exposer, montrer, révéler

■ Les musées ont développé une dynamique d'exposition temporaire. Le montage se décide autour d'une thématique, d'un ou de plusieurs artistes. À cette occasion, des œuvres empruntées à des collections ou à d'autres musées viennent enrichir l'exposition. Ainsi au musée Picasso, *Les Demoiselles d'Avignon*, venues des États-Unis, voisinèrent avec les dessins des *Baigneuses* de Cézanne et ceux de Ingres.

■ Les galeries, lieux privés, exposent au regard et à la vente les travaux de leurs artistes sous contrat. L'accrochage est consacré soit à l'un d'entre eux soit à un courant artistique. L'objectif est double : bien servir l'artiste et séduire l'acheteur.

■ Les fondations organisent elles aussi des expositions. Cela leur permet d'augmenter leurs ressources pour mieux gérer l'existant et acheter des œuvres nouvelles.

■ La Dokumenta de Kassel et la Biennale de Venise présentent périodiquement des expositions d'art contemporain, l'une polémique, l'autre sous forme de bilan de l'activité artistique internationale, mais leur suprématie tend à disparaître au profit des foires internationales d'art contemporain (FIAC) de Bâle, Chicago, Cologne, New York, Paris. Ce sont des salons d'exposition temporaire qui permettent aux « valeurs sûres » de l'art contemporain de côtoyer des « révélations ».

Le montage économique d'une grande exposition

Une exposition se planifie plusieurs années à l'avance. Avec un budget moyen de 1,5 million d'euros, le commissaire, le conservateur ou un historien d'art créateur de l'événement s'entoure de tout un personnel qualifié. L'équipe négocie la mise à disposition des œuvres sélectionnées, prévoit la mise en scène, les contacts avec les médias, la rédaction et l'édition d'un catalogue et de diverses publications, les produits dérivés qui l'accompagneront, ainsi qu'un système de réservation (inauguré en 1992). Une partie importante du budget est consacrée aux assurances et à la sécurité des œuvres. Les grandes expositions, souvent déficitaires, bénéficient de mécènes ; leur aide peut représenter jusqu'à 20 % de la masse financière.

Les enjeux des expositions de prestige

■ 7 800 entrées par jour pour Manet en 1983 et 13 000 en 1993 à l'exposition Barnes, c'est dire les enjeux économiques en devises étrangères, en voyages organisés, en droits d'entrées et produits dérivés…

■ Toute grande exposition est dorénavant considérée comme une œuvre à part entière. Son commissaire révèle et développe un point de vue, un parti pris qu'il rend visible (action pédagogique) au grand public comme à ses pairs. La réussite d'une exposition et de son catalogue est liée à un travail d'approfondissement des connaissances. Elle contribue à la recherche scientifique et à nourrir la réflexion du monde de l'art.

LA COLLECTION BARNES AU MUSÉE D'ORSAY

Paul Gauguin, **Monsieur Loulou,** *1890.*
Huile sur toile (55 x 46,2 cm),
Fondation Barnes, Merion.

■ La fondation,
une institution privée

Une fondation est une institution privée à but idéaliste non lucratif, créée à partir de la fortune ou de la collection d'œuvres d'art d'une personne ou d'une société. En les mettant à disposition du public, elle bénéficie d'avantages fiscaux et de la possibilité d'accepter des legs ou des dons. Les bénéfices d'exploitation ne pouvant être reversés à des ayants droit, elle se donne les moyens de poursuivre une politique d'achat et de vente qui en assure l'enrichissement. Ainsi se sont constituées les fondations Barnes, Maeght, Dubuffet, Gianadda, etc.

■ La Fondation Barnes

Le docteur Barnes a fait fortune en inventant un antiseptique. Cet autodidacte passionné d'art s'est constitué une des plus belles collections d'œuvres de l'art moderne. Les statuts de la fondation qu'il a créée stipulent que les œuvres ne quitteront jamais leur lieu d'exposition, Merion,

près de Philadelphie, qu'aucune photographie couleur n'en sera prise et que les visiteurs autres que les donateurs ne seront admis sur demande qu'une fois par semaine. Le docteur n'avait pas prévu l'inéluctable rénovation des bâtiments et l'effritement de sa fortune. Les tribunaux ont tranché et la justice a autorisé, pour la première et dernière fois, la sortie de 72 pièces maîtresses pendant les travaux ainsi que la publication d'un catalogue en couleurs.

■ L'exposition temporaire
à Washington, Paris
et Tokyo

Trois lieux recevront la fabuleuse collection : la National Gallery of Art de Washington, le musée d'Orsay à Paris (en 1993) et le musée d'Art occidental de Tokyo. Les dépenses et les recettes sont à la hauteur de l'événement : Paris a payé à la fondation une contrepartie de 2,5 millions de dollars, le catalogue a été tiré à 70 000 exemplaires et 11 000 cassettes vidéo ont été vendues.

HISTOIRE

CATÉGORIES ET GENRES

ÉLÉMENTS PLASTIQUES

TECHNIQUES

LIRE UN TABLEAU

CONSERVER/EXPOSER

La restauration

Les peintures vieillissent naturellement. Au fil du temps, le support faiblit, la couche picturale s'amenuise et le vernis s'assombrit. Dès lors qu'une œuvre se détériore, la restauration s'impose. Celle-ci se doit de favoriser l'esthétique, tout en respectant l'historique et le principe de réversibilité.

La restauration des supports

Le support est un élément majeur de l'objet peint, sa nature et son état influent directement sur la pérennité et l'aspect de l'œuvre ; la restauration s'intéresse donc au verso comme au recto du tableau.

Le bois, matériau sensible à l'hygrométrie, se déforme et se fend. Actuellement, on double le dos du support d'un système de rails métalliques coulissants (préféré aux pièces de bois ou parquetage ancien) qui modère le travail du bois et on mastique les fentes. Le XIXe siècle, afin de pallier ces phénomènes, a abusé de la transposition (changement de support). Cette opération périlleuse consiste à détacher la surface picturale du support initial, souvent le bois, pour la coller sur une toile.

Les fils de la toile s'amenuisent avec le temps et provoquent l'affaiblissement du support et donc la mise en péril de l'œuvre. Le rentoileur procède alors à un rentoilage, c'est-à-dire au doublage de la toile par une seconde, collée à la colle de peau ou de farine (réversibles). Les déchirures et les accrocs, autrefois collés à la céruse lors d'interventions définitives, se traitent dorénavant par la pose de pièces soudées à froid sur l'envers, au moyen d'un mélange souple de résine et de cire.

La peinture, malade de l'enduit

Les peintures présentent une extrême sensibilité à la sécheresse comme à l'excès d'humidité, lesquelles peuvent générer des décollements partiels, sinon graves, de l'enduit ainsi que des moisissures. C'est pour cette raison que les musées installent des appareils de mesures hygrométriques dans les salles. Les manques de peinture, après un éventuel grattage et séchage dans le cas de moisissures, seront comblés de mastic blanc et repris en glacis.

La restauration de la surface picturale

Lorsque la surface est sale, un nettoyage doux à l'eau tiède savonneuse suffit. En présence de vernis ancien à l'alcool jauni ou bruni, un professionnel effectuera un allègement (suppression du vernis) à l'aide d'un solvant adapté. Les vernis modernes à base d'essence sont réversibles et stables à la lumière.

En cas de manque de peinture, la retouche restera délibérément visible. Le restaurateur pose un mastic blanc qui réverbère la couleur, puis des glacis. Comme la couleur plombe (fonce) en séchant, elle est choisie en continuité chromatique, mais d'une valeur plus claire que les voisines, puis « montée » en couches successives. La technique du *trattegio* est une peinture illusionniste dont le parti pris est de laisser les retouches visibles. Sans nuire à la règle historique, elle offre une solution esthétique aux manques. Les reprises, limitées aux seules zones accidentées, s'effectuent en petits points ou traits parallèles de couleurs pures sur mastic blanc. Le mélange optique des couleurs opère lorsque le spectateur recule.

LE RESTAURATEUR

◼ La notion de restauration

Cette notion a évolué au cours des siècles. Les premiers restaurateurs avaient pour mission de réparer les œuvres afin qu'elles semblent fraîchement sorties de l'atelier du maître. Des peintres de renom ou d'habiles copistes reconnus pour leur savoir-faire à la manière de l'artiste étaient pressentis pour ce travail. De nos jours, l'acte de restaurer est conçu comme la sauvegarde d'un patrimoine à transmettre aux générations futures.

◼ Le restaurateur au travail

Chaque tableau est un cas particulier. Le restaurateur aborde un tableau en technicien et non en peintre. L'œuvre de création est exclue ; il se met en retrait de la peinture à restaurer, engageant souvent plusieurs restaurations à la fois. Face aux manques, pas d'interprétation possible, il entame un véritable travail de puzzle, cherche des témoins (traces de petites surfaces colorées) et pose la couleur sans beurrer (déborder) là où elle est supposée être (touche verte à côté d'une verte, jaune à côté d'une jaune). Les peintures utilisées sont des glacis en tubes (peintures transparentes) mis au point par les Italiens. Elles figurent en grand nombre sur la palette, car plus les couleurs sont mélangées, moins elles sont stables.

◼ La formation

Depuis 1977, une formation spécifique se déroule à l'Institut français de restauration des œuvres d'art (IFROA). On y entre sur concours, après une classe préparatoire. Les candidats doivent allier excellence en dessin, habileté manuelle et connaissances théoriques solides.

◼ Restauration et esthétique

La restauration ne fait pas toujours l'unanimité. Celle des fresques de Michel-Ange à la chapelle Sixtine a soulevé à la fois enthousiasme et indignation : les uns sont émerveillés par la force des couleurs retrouvées, les autres regrettent les images patinées par le temps.

Michel-Ange, **La Sybille de Delphes,** *1508-1512. Chapelle Sixtine, Rome.*

avant restauration

après restauration

HISTOIRE

CATÉGORIES ET GENRES

ÉLÉMENTS PLASTIQUES

TECHNIQUES

LIRE UN TABLEAU

CONSERVER/EXPOSER

La copie et la reproduction

L'œuvre d'art a la particularité d'être unique, mais de nombreuses personnes désirent en avoir une image. La copie a longtemps été le seul moyen de reproduction. Depuis le XIXᵉ s., les procédés se sont diversifiés : gravure, photographie, etc. La fin du XXᵉ s. est l'ère de la reproduction en série et des supports variés.

Les copistes

Le copiste est un peintre spécialisé dans la reproduction picturale, il travaille sur commande. On nomme également ainsi celui qui, pour son plaisir, peint *in situ* et copie une œuvre exposée. Au musée, les copistes travaillent au milieu du public. Ils sont autorisés à reproduire un tableau sous réserve du choix d'un format différent de celui de l'original. La tradition et l'Académie, longtemps installée au Louvre, voulaient que les élèves des Beaux-Arts étudient la couleur, la technique et se forment le regard au contact direct d'œuvres d'art. Autrefois très prisée et pratiquée par les maîtres (Rubens, Degas, Cézanne, etc.), la copie faisait partie de la formation. Aujourd'hui, elle perdure selon deux optiques : l'une, que l'on peut appeler de salon, réservée aux copistes et à ses amateurs, l'autre, dite interprétative, de citation, pratiquée par les artistes (Van Gogh, Picasso, Louis Cane, etc.).

La reproduction en série, instrument de connaissance et de travail

Au XVIᵉ siècle, la gravure sur cuivre reproduit les tableaux qui ont valeur de modèles, à l'exemple des œuvres de Raphaël. Cette technique, qui ne peut rendre la touche ni la couleur, est dite d'interprétation. De nombreux artistes seront copiés sans en tirer bénéfice, jusqu'à ce que l'un de leurs, William Hogarth (1697-1764) invente le *copyright* en faisant voter une loi les protégeant. La tradition se perpétue jusqu'au XIXᵉ siècle, Turner proposera les gravures de ses voyages.

De nos jours, les images de toutes sortes, cartes postales, photocopies, CD-Rom, constituent une vaste base documentaire diffusée largement et accessible à tous. Le double du tableau est un instrument de travail et de culture.

En aucun cas, et aussi fidèle soit-elle, la copie ne peut se substituer à l'œuvre elle-même, qui reste unique. Le désir de posséder des images d'œuvres d'art se traduit par des chiffres : le Louvre vend, par mois, de 2 millions à 2 millions et demi de cartes postales et d'affiches tous formats…

Les produits dérivés ou diffusion culturelle

Les boutiques des musées répondent à la demande croissante de biens de communication culturels en proposant à la vente toutes sortes d'objets présentant la reproduction totale ou partielle d'une œuvre, l'effigie ou la signature d'un artiste. Ainsi, les tee-shirts ornés d'un tableau de Van Gogh ou des écrits de Ben voisinent avec les cendriers, les montres et les bijoux.

Les musées regroupés sous l'appellation RMN (Réunion des musées nationaux) exploitent autour de l'art un marché extrêmement lucratif et dynamique, qui doit son succès autant à la qualité de ses multiples publications qu'à l'ingéniosité de ses concepteurs. La RMN édite un catalogue de vente par correspondance qui regroupe une sélection de ses produits.

VRAIS-FAUX BIJOUX

▪■ Des bijoux recréés

Les boutiques des musées nationaux offrent à la vente des bijoux recréés à partir de tableaux de maîtres avec, à l'appui, un imprimé descriptif et une photographie de l'original ou de sa source.

Collier en ruban de velours noir

Manet, Olympia *(détail), 1893.*
Musée d'Orsay, Paris.

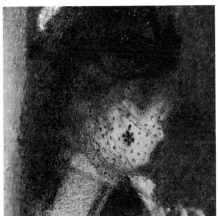

Boucle d'oreilles

**Renoir, Jeune Femme
à la voilette** *(détail), vers 1875.*
Musée d'Orsay, Paris.

▪■ Les bijoux « signés »

Des bijoux fantaisie sont créés de toutes pièces, mais ils sont réalisés à partir d'une idée originale liée à un artiste.

**Frontispice pour l'album Elles,
1876** *(détail).*
Recueil de lithographies de Toulouse-Lautrec.

*Broche réalisée
à partir
du monogramme
de Toulouse-Lautrec*

HISTOIRE

CATÉGORIES ET GENRES

ÉLÉMENTS PLASTIQUES

TECHNIQUES

LIRE UN TABLEAU

CONSERVER/EXPOSER

L'expertise

Il revient aux experts d'attribuer, de dater et d'évaluer les œuvres soumises à leur appréciation, et rares sont les faussaires qui ont réussi à les mystifier. Officiers d'État ou non, ils sont tenus à une certaine éthique. Leur responsabilité face à l'expertise d'une œuvre d'art est engagée pour trente ans.

Les experts

Un décret a supprimé le titre d'expert en 1985. Ce titre n'étant pas protégé, tout amateur d'art peut y prétendre. Le Syndicat des professionnels des œuvres d'art en regroupe environ sept cents. Les experts, souvent spécialisés, exercent à titre privé et s'engagent par écrit sur la valeur ou l'attribution d'une peinture. À titre gracieux et sur photographie, l'expert peut émettre un avis avant que le propriétaire décide d'engager des frais en vue d'une étude approfondie. Toute expertise consignée sur papier est un document officiel qui engage la responsabilité de l'expert pendant trente ans, en vertu de la loi dite de responsabilité trentenaire en vente publique ou privée.

Le commissaire-priseur est un spécialiste assermenté du marché de l'art. Doublé de la qualité d'expert, il estime, évalue, vend les œuvres qui lui sont confiées dans les salles des ventes et fixe le prix de départ des enchères. Certaines sont des lieux prestigieux, par exemple l'hôtel Drouot. Le décret d'application de juillet 2001 de la loi votée en 2000 a supprimé le monopole de la charge créée en 1556. Désormais, conformément à la législation européenne, la profession discerne deux statuts : celui d'officier ministériel de celui de commissaire-priseur indépendant. Le premier a le monopole des ventes judiciaires (héritages, liquidations d'entreprises, saisies), il exerce dans une étude dont il a acheté la charge, le second est à la tête d'une société commerciale agréée de vente volontaire. La fin de ce monopole annonce l'arrivée de la concurrence étrangère.

Les moyens des experts

L'expert est souvent historien d'art, et trois ans de stage sont obligatoires pour les commissaires-priseurs. Par ailleurs, dans le cadre de spécialisations, il mène des travaux de recherche et de confrontation.

Les archives et documents contemporains de l'artiste décrivant tel ou tel tableau ou relatant son itinéraire (vendu le ... à ...), les écrits et descriptifs de l'artiste lui-même, de ses proches, leurs témoignages, les catalogues raisonnés (complets) sont des outils précieux qu'il doit confronter pour assurer son jugement.

Il peut accéder aux outils sophistiqués des laboratoires des musées de France. Mais lors d'une attribution douteuse, rien ne permet de trancher. L'intuition n'est pas scientifique, et l'expertise, même scientifique, ne peut aller au-delà d'un descriptif.

Quelle clientèle ?

Les experts et commissaires-priseurs ont une clientèle essentiellement privée, qui sollicite leurs services pour l'estimation d'un héritage ou la gestion d'une vente. Les assurances ont également recours à leurs compétences avant la signature d'un contrat ou en cas de sinistre, par exemple. Lors d'achats, les musées se font également assister par des conseillers artistiques et des experts reconnus du monde de l'art et s'assurent ainsi toutes les garanties.

FAUSSAIRES OU ÉLÈVES DE...

▪▪ Des faussaires « officiels »

Pour des raisons financières évidentes, les grands peintres ont eu leurs faussaires. Les faux tableaux ont même parfois bénéficié de la complicité du maître (Rembrandt, Corot, Dali, etc.). Un nombre impressionnant de faux Corot serait ainsi disséminé en Europe.

▪▪ L'affaire Rembrandt

Rembrandt est l'un des artistes qui a été le plus copié, déjà de son vivant. Son atelier entretenait, dit-on, une cinquantaine d'élèves travaillant tous à la manière du maître. Le peintre lui-même a semé la confusion en signant des peintures dont il n'était pas l'auteur. Le *Rembrandt Research Projet* (mission scientifique sur les œuvres autographes de l'artiste) a entrepris un travail de fond afin de lever le voile du doute. Sur un millier de tableaux, il n'en reste que trois cents dits de la main de l'artiste ; l'enquête n'est pas achevée et la qualité des peintures étudiées complique le travail des experts. Ainsi, de grandes collections, comme celle du Metropolitan Museum à New York, de la Wallace Collection à Londres, du Louvre, se sont vues « dépossédées » de tableaux qui étaient jusque-là considérés comme originaux.

Rembrandt,
Flore,
Metropolitan Museum, New York. Authentifié.

▪▪ Hans Van Meegeren, le faussaire virtuose de Vermeer

En 1937 réapparaît sur le marché de l'art un tableau disparu de Vermeer, *La Cène*. Les historiens d'art voient dans cette toile un chef-d'œuvre du maître. Devant le succès de la supercherie, Hans Van Meegeren récidive. Mais l'une des toiles ayant été vendue à Goering, après la guerre, le peintre est accusé de collaboration et emprisonné. Ses aveux ne convaincront personne, jusqu'à ce que, en prison, il réalise un nouveau faux. Le procès du « génial » faussaire eut lieu en 1947 et contribua à rappeler la fragilité des certitudes de jugement et d'attribution en histoire de l'art.

Rembrandt, Le Philosophe en méditation, *musée du Louvre. Désattribué.*

Van Meegeren, La Cène, *1937.*
Huile sur toile (174 x 244 cm).

HISTOIRE

CATÉGORIES ET GENRES

ÉLÉMENTS PLASTIQUES

TECHNIQUES

LIRE UN TABLEAU

CONSERVER/EXPOSER

La vente

Rares sont les artistes qui vendent leurs toiles sans intermédiaire. Les galeries, les foires d'art contemporain, les expositions sont les principaux débouchés pour les artistes. Aux mécènes et esthètes se sont ajoutés les spéculateurs. L'État français peut, cependant, exercer un droit de préemption.

● Où acheter ?

▬ Les amateurs de peinture peuvent trouver des pièces intéressantes dans les brocantes, les salles des ventes et, bien sûr, chez les antiquaires, spécialisés ou non.

▬ Les artistes, sauf s'ils sont liés par un contrat d'exclusivité, peuvent vendre directement leurs œuvres. Mais, le plus souvent, ils s'en remettent aux galeries. Il existe environ 1 200 galeries en France. Le galeriste est un professionnel, il sélectionne ses artistes sur entretien, un *press-book* et quelques œuvres présentées. Un contrat stipulant les engagements de chacun est signé : exclusivité ou non, périodicité d'accrochage, achat pour le stock de la galerie, participation aux frais de vernissage, partde l'artiste sur la vente (de 30 à 60 %, le plus souvent 50 %)… Depuis la crise du marché de l'art, les galeries fonctionnent avec des toiles laissées en dépôt.

▬ Les FIAC, à la fois hauts lieux de consécration et expositions-ventes, proposent aussi bien des œuvres d'artistes consacrés que celles de jeunes talents. Les galeries qui y participent sont sélectionnées sur dossier.

● Où vendre ?

▬ Les expositions locales en province et les salons de peinture organisés par des associations non professionnelles permettent d'exposer à frais réduits. Il suffit de prendre contact avec les organisateurs. Cette formule offre des avantages : la participation demandée est modique, elle couvre souvent la prise en charge des frais de vernissage et les cartons d'invitation, mais lors de l'accrochage, le pire peut côtoyer le meilleur ! Les restaurants offrent une autre formule : certains acceptent d'exposer sur leurs murs des peintures en mentionnant leur prix de vente.

▬ Les galeries, en province ou à Paris, offrent leurs services de professionnels de l'art aux artistes sélectionnés : un lieu d'exposition, leur listing de personnes potentiellement intéressées et une clientèle existante. En revanche, elles peuvent refuser des œuvres lorsqu'elles estiment que celles-ci dérouteraient leurs collectionneurs.

▬ Le mécénat d'entreprise, encouragé par un allègement fiscal, s'est développé en France. Cartier, la BNP, Paribas sont de grands mécènes d'art. De même, la Caisse des dépôts et consignations a décidé, en 1992, d'apporter une aide à la création en sensibilisant son personnel à l'art contemporain. Elle a acheté des œuvres directement aux artistes ou à leur galerie, en a assuré la présentation par des expositions et des conférences avant de léguer sa collection au musée de Saint-Étienne.

● La préemption

Afin d'éviter la fuite à l'étranger d'œuvres estampillées « trésor national », l'État français peut exercer un droit de préemption, droit prioritaire d'achat. C'est ainsi qu'un Chardin fut saisi en douane et que la *Célestine* de Picasso entra au musée Picasso. Ce classement entraîne un préjudice pour le vendeur, puisqu'il évince des acheteurs potentiels en maintenant l'œuvre sur le territoire national.

LE MARCHÉ DE L'ART

■ La valeur marchande

Les foires internationales et les ventes publiques ont largement contribué à la flambée des prix, et de nombreux achats se sont faits en fonction de la valeur marchande potentielle des œuvres. Après l'euphorie des années 80 et le boum des prix, qui gonflaient de 30 à 50 % d'une vente à l'autre, le marché s'est effondré puis a repris. De nombreuses galeries et leurs artistes se sont alors trouvés en difficulté alors que, paradoxalement, le nombre d'amateurs allait croissant. Les œuvres anciennes et les valeurs sûres ont conforté leur nette suprématie.

■ La cote d'un artiste

La cote d'un artiste s'exprime en euros, dollars ou livres. Elle indique le ou les prix pratiqués lors de la dernière vente publique des œuvres de celui-ci. Elle tient compte du format et de la technique employée. Certains éditeurs se sont spécialisés dans la publication annuelle de ces cotes. Les salles des ventes ont la leur, et dorénavant, on peut même consulter à ce sujet des banques de données sur Internet.

■ Le prix d'une œuvre d'art

Les prix sont extrêmement variables, en fonction de la valeur établie mais aussi de celle que s'attribue l'artiste. Si une nature morte de Cézanne adjugée 28,6 millions de dollars reste hors de portée de la plupart des amateurs, une petite peinture ou une pièce moyenne d'un artiste contemporain peut s'acquérir entre 150 et 800 euros. Par ailleurs, les artistes et les galeristes acceptent souvent d'être réglés en plusieurs fois. La transaction la plus élevée de l'histoire fut celle des *Iris* de Van Gogh (huile sur toile, 71 x 93 cm), toile adjugée en 1987 pour 305 millions de francs (46,5 millions d'euros) chez Sotheby's, à New York.

Les DRAC

Chaque région a sa DRAC, Direction régionale des affaires culturelles. Elles accordent, après étude du dossier, des « aides individuelles à la création » sur présentation d'un projet. Elles relaient également les demandes de bourse d'études, ainsi que les offres de résidence, dont la villa Médicis à Rome est la plus prestigieuse. L'État et les régions concernées mettent à disposition des artistes lauréats une quarantaine de résidences, et ce pour un temps déterminé. Logés et indemnisés, ils peuvent se consacrer à leur travail hors de toute contrainte matérielle.

L'artothèque

Depuis 1983, une formule de prêt d'œuvres d'art existe dans certains musées publics ou privés, à l'exemple des bibliothèques. Le fonds est constitué de productions contemporaines achetés aux artistes. Ce sont rarement des originaux mais plutôt des multiples, œuvres reproduites en plusieurs exemplaires. Étant donné les risques et les coûts, il ne peut s'agir d'œuvres rares, mais ce sont toutes des pièces authentiques.

Benjamin Vautier dit Ben,
Le Mur des mots (*détail*), 1995.
Musée de l'Objet, Blois.

Annexe 1

Les grands musées en France

VILLE	MUSÉE	ŒUVRES CÉLÈBRES CONSERVÉES	
Aix-en-Provence	Musée Granet	**Rembrandt**	Autoportrait
		Ingres	Jupiter et Thétis, Portrait de Granet
		Collection **Paul Cézanne**	
Ajaccio	Musée Fesch	**Botticelli**	Vierge à la guirlande
		Titien	Homme au gant
		Véronèse	Le Départ de Rebecca
Albi	Musée Toulouse-Lautrec	**Toulouse-Lautrec**	Au salon de la rue des Moulins
		Matisse	Intérieur à Ciboure
		Vlaminck	Paysage
Bayonne	Musée Bonnat	**Le Greco**	Duc de Benavente
		Goya	Autoportrait
		Ingres	Baigneuse à mi-corps
Bordeaux	Musée des Beaux-Arts	**Véronèse**	Sainte Famille
		Rubens	Le Martyre de saint Georges
		Delacroix	La Grèce expirant sur les ruines de Missolonghi
		Matisse	Paysage corse
Caen	Musée des Beaux-Arts	**Véronèse**	La Tentation de saint Antoine
		Rubens	Abraham et Melchisédech
		Monet	Nymphéas
Chantilly	Musée Condé	**Les frères Limbourg**	Très Riches Heures du duc de Berry
		Fra Angelico	Saint Benoît à Subiaco
		Botticelli	L'Automne
		Raphaël	La Madone de Lorette, Les Trois Grâces
Colmar	Musée d'Unterlin Den	**Holbein**	Portrait de femme
		Grünewald	Polyptyque des Antonins d'Issenheim
		Picasso	Le Peintre au travail
Dijon	Musée des Beaux-Arts	**Tiepolo**	L'Éducation de la Vierge
		Delaunay	Relief, Rythme
		de Staël	Footballeurs
Grenoble	Musée de Peinture et de Sculpture	**Rubens**	Saint Grégoire pape, entouré de saints et de saintes
		La Tour	Saint Jérôme pénitent
		Delacroix	Roger délivrant Angélique
		Monet	Un coin de l'étang de Giverny
		Matisse	Intérieur aux aubergines
		Picasso	Femme lisant
Lille	Musée des Beaux-Arts	**Véronèse**	Le Martyre de saint Georges
		Goya	Les Vieilles, Les Jeunes
		Le Greco	Saint François en prière
		Monet	Vétheuil le matin
Lyon	Musée des Beaux-Arts	**Véronèse**	Moïse sauvé des eaux
		Le Greco	Le Christ dépouillé de ses vêtements
		Monet	Vue de Londres
		Van Gogh	La Paysanne hollandaise
		Picasso	Le Buffet du Catalan

VILLE	MUSÉE	ŒUVRES CÉLÈBRES CONSERVÉES	
Marseille	Musée des Beaux-Arts	Rubens Tiepolo David	Chasse au sanglier Femme adultère Saint Roch priant pour les pestiférés
Montauban	Musée Ingres	Ingres	Roger délivrant Angélique, Songe d'Ossian
Montpellier	Musée Fabre	Delacroix Courbet Matisse	Femmes d'Alger Baigneuses – Bonjour M. Courbet Route dans la forêt
Nancy	Musée des Beaux-Arts	Boucher Delacroix Modigliani	L'Aurore et Céphale La Bataille de Nancy Portrait de Germaine Survage
Nantes	Musée des Beaux-Arts	La Tour Courbet Monet	Le Joueur de vielle Les Cribleuses de blé Nymphéas
Nice	Musée Matisse	Matisse	La Nymphe dans la forêt, Le Fauteuil rocaille
Orléans	Musée des Beaux-Arts	Vélasquez Gauguin	L'apôtre saint Thomas Nature morte « fête Gloanec »
Reims	Musée des Beaux-Arts	Les frères Le Nain Fragonard Corot	Le Repas de paysans Portrait de jeune fille Le Lac d'Albano
Rennes	Musée des Beaux-Arts	La Tour Rubens Gauguin	Le Nouveau-Né Chasse au tigre Nature morte aux oranges
Rouen	Musée des Beaux-Arts	Vélasquez Le Caravage Poussin Monet Renoir	L'Homme à la mappemonde La Flagellation L'Orage Portail de la cathédrale de Rouen, temps gris, La rue Saint-Denis pavoisée La Femme au miroir
Strasbourg	Musée des Beaux-Arts	Giotto Botticelli Raphaël	Crucifixion Vierge à l'Enfant et deux anges La Fornarina
	Musée d'Art moderne	Monet Gauguin Braque Klee	Le Champ d'avoine Nature morte avec gravure Nature morte Port nocturne
Toulouse	Musée des Augustins	Rubens Guardi	Le Christ en croix Vue de Venise
Tours	Musée des Beaux-Arts	Mantegna Rembrandt Rubens	Le Christ au jardin des oliviers Fuite en Égypte La Vierge présentant l'Enfant aux donateurs
Villeneuve-d'Ascq	Musée d'Art moderne du Nord	Braque Léger Picasso	La Roche-Guyon Le Mécanicien Homme nu assis, Le Bock

Les grands musées à Paris

MUSÉE	ŒUVRES CÉLÈBRES CONSERVÉES	
Musée du Louvre	Fra Angelico	Le Couronnement de la Vierge
	Uccello	Bataille de San Romano
	Mantegna	Saint Sébastien
	Vinci	La Joconde, La Vierge, l'Enfant Jésus et sainte Anne, La Vierge aux rochers, Saint Jean-Baptiste
	Raphaël	La Belle Jardinière, Balthazar Castiglione
	Titien	Le Concert champêtre
	Véronèse	Les Noces de Cana
	Le Caravage	La Mort de la Vierge
	Dürer	Portrait de l'artiste
	Van Eyck	La Vierge du chancelier Rolin
	Bruegel l'Ancien	Les Mendiants
	Rubens	La Kermesse
	Rembrandt	Portrait de l'artiste au cheval
	Vermeer	La Dentellière, L'Astronome
	École de Paris, XIVᵉ s.	Portrait de Jean II le Bon, roi de France
	Quarton	Pietà de Villeneuve-lès-Avignon
	Poussin	L'Inspiration du poète
	Le Lorrain	Port de mer au soleil couchant
	Les frères Le Nain	Famille de paysans dans un intérieur
	Watteau	L'Embarquement pour Cythère
	Chardin	La Fontaine de cuivre, Le Buffet
	Fragonard	Les Baigneuses
	David	Le Serment des Horaces, Les Sabines
	Ingres	Le Bain turc, La Grande Odalisque
	Géricault	Le Radeau de la Méduse
	Delacroix	La Liberté guidant le peuple, le 28 juillet 1830
	Corot	Souvenir de Mortefontaine
Musée d'Orsay	Courbet	L'Atelier du peintre
	Manet	Le Déjeuner sur l'herbe, Le Fifre, Olympia
	Monet	Femmes au jardin, Régates à Argenteuil, La Gare Saint-Lazare
	Degas	L'Absinthe, Les Musiciens à l'orchestre, La Classe de danse
	Pissaro	Les Toits rouges
	Sisley	L'Inondation à Port-Marly
	Renoir	Le Moulin de la Galette, La Balançoire, Les Baigneuses

MUSÉE	ŒUVRES CÉLÈBRES CONSERVÉES	
	Cézanne	La Maison du pendu, Nature morte au panier, Les Joueurs de cartes, Femme à la cafetière
	Gauguin	Les Alyscamps, Femmes de Tahiti
	Van Gogh	La Chambre de Vincent à Arles, Portrait de l'artiste par lui-même, L'Église d'Auvers
	Seurat	Le Cirque
	Toulouse-Lautrec	Jane Avril dansant
Musée national d'Art moderne	Derain	Vue de Collioure
	Vlaminck	Les Arbres rouges
	Dufy	La Rue pavoisée
	Braque	L'Homme à la guitare
	Picasso	Tête de femme, Le Minotaure
	Léger	Les Plongeurs noirs
	Chagall	La Chute d'Icare
	Matisse	Intérieur, bocal de poissons rouges, La Tristesse du roi
	Kandinsky	Improvisation V, Avec l'arc noir, Jaune, rouge, bleu
	Klee	Villas florentines, Rythmisches
	Mondrian	New York City I
	Ernst	Ubu Imperator
	Miró	Bleu II
	Dubuffet	Le Metafisyx, Campagne heureuse
	Pollock	The Deep
	de Staël	Les Musiciens, souvenir de Sidney Bechet
	Warhol	Electric Chair
	Klein	Monochrome bleu (IKB 3)
Musée d'Art moderne de la ville de Paris	Picasso	Le Pigeon aux petits pois
	Braque	Nature morte à la pipe
	Matisse	Pastorale, La Danse
	Delaunay	La Ville de Paris
	Modigliani	La Femme à l'éventail
	Chagall	Le Rêve
	Dufy	La Fée Électricité
Musée Picasso	Picasso	Autoportrait (1901), Mère et enfant, La Nature morte à la chaise cannée, La Flûte de Pan, Paul en Arlequin, Deux femmes courant sur la plage (La Course)
	Cézanne	Château noir
	Matisse	Nature morte aux oranges
	Braque	Nature morte à la bouteille

Les grands musées en Europe

ALLEMAGNE

VILLE	MUSÉE	ŒUVRES CÉLÈBRES CONSERVÉES	
Berlin	Dahlem Museum	Botticelli	La Vierge à l'Enfant et aux anges chantants
		Rembrandt	L'Homme au casque d'or
		Vermeer	Jeune femme au collier de perles
	Alte Nationalgalerie	Manet	Dans le jardin d'hiver
		Monet	Saint-Germain-l'Auxerrois
		Renoir	L'Été
Dresde	Gemaldegalerie Alte Meister	Dürer	Portrait d'un jeune homme
		Raphaël	La Madone Sixtine
		Titien	L'Homme à la palme
		Rembrandt	Ganymède enlevé par l'aigle
		Vermeer	Jeune fille lisant une lettre devant une fenêtre ouverte
Munich	Alte et Neue Pinakothek	Dürer	Autoportrait
		Bruegel l'Ancien	Le Pays de cocagne
		Rubens	L'Enlèvement des filles de Leucippe
		Rembrandt	Autoportrait
		Botticelli	Pietà
		Vinci	Madone à l'œillet
		Raphaël	La Sainte Famille dans la maison Canigiani
		Titien	Portrait de l'empereur Charles Quint
		Cézanne	Autoportrait

AUTRICHE

VILLE	MUSÉE	ŒUVRES CÉLÈBRES CONSERVÉES	
Vienne	Kunst-historisches Museum	Van Eyck	Portrait du cardinal Nicolo Albergati
		Bosch	Le Christ sur le chemin du Calvaire
		Bruegel l'Ancien	Importante collection dont : Jeux d'enfants, Chasseurs dans la neige
		Dürer	L'Adoration de la sainte Trinité
		Rubens	Portrait d'Hélène Fourment
		Vermeer	L'Atelier
		Rembrandt	Grand autoportrait
		Titien	Femme avec une fourrure

BELGIQUE

VILLE	MUSÉE	ŒUVRES CÉLÈBRES CONSERVÉES	
Anvers	Musée royal des Beaux-Arts	Collection Rubens dont :	L'Adoration des Mages, La Dernière Communion de saint François d'Assise
Bruges	Musée Groeninge	Van Eyck	La Vierge au chanoine Van der Paele
		Bosch	Le Jugement dernier
Bruxelles	Musées royaux des Beaux-Arts de Belgique	Bosch	Le Calvaire
		Bruegel l'Ancien	La Chute d'Icare
		Rubens	La Montée au Calvaire
		La Tour	Joueur de vielle
		David	Marat assassiné
		Magritte	L'Empire des lumières

DANEMARK

VILLE	MUSÉE	ŒUVRES CÉLÈBRES CONSERVÉES	
Copenhague	Ny Carlsberg Glyptotek	**David**	Portrait du comte de Turenne
		Monet	Ombres sur la mer
		Cézanne	Nature morte
		Gauguin	Paysage de Pont-Aven
		Van Gogh	Portrait du père Tanguy

ESPAGNE

VILLE	MUSÉE	ŒUVRES CÉLÈBRES CONSERVÉES	
Madrid	Musée du Prado	**Vélasquez**	Les Ménines
		Le Greco	La Crucifixion
		Goya	La Famille de Charles IV
		Bosch	Le Jardin des délices
		Bruegel l'Ancien	Le Triomphe de la mort
		Dürer	Autoportrait
		Fra Angelico	L'Annonciation
		Titien	Portrait de Charles Quint
		Véronèse	Vénus et Adonis
	Musée Thyssen-Bornemisza	**Van Eyck**	Annonciation
		Titien	Portrait du doge Vernier
		Rubens	Vénus et Cupidon
		Cézanne	Portrait d'un paysan
		Gauguin	Mata Mua
		Picasso	L'Homme à la clarinette, L'Arlequin au miroir

GRANDE-BRETAGNE

VILLE	MUSÉE	ŒUVRES CÉLÈBRES CONSERVÉES	
Londres	National Gallery	**Piero della Francesca**	Le Baptême du Christ
		Botticelli	Vénus et Mars
		Michel-Ange	Mise au tombeau
		Titien	Bacchus et Ariane
		Le Caravage	Le Repas à Emmaüs
		Rembrandt	Femme au bain
		Van Eyck	Portrait des époux Arnolfini
		Holbein	Les Ambassadeurs
		Vélasquez	La Toilette de Vénus
		Vermeer	Dame debout jouant de l'épinette
		Constable	La Charrette de foin
		Manet	La Musique aux Tuileries
		Monet	Les Nymphéas
		Van Gogh	Les Tournesols
		Cézanne	Les Grandes Baigneuses
	Tate Modern	**Toulouse-Lautrec**	Les Deux Amies
		Van Gogh	Fermes près d'Auvers
		Cézanne	Le Jardinier
		Picasso	Les Trois Danseuses
		Matisse	Portrait d'André Derain, L'Escargot
		Kandinsky	Cosaques
	Clore Gallery	Musée consacré à l'œuvre de **Turner** dont :	Le Naufrage, Tempête de neige
	Courtauld Institute Galleries	**Bruegel l'Ancien**	La Fuite en Égypte
		Monet	Automne à Argenteuil
		Renoir	Portrait d'Ambroise Vollard
		Manet	Un Bar aux Folies Bergère
		Cézanne	Le Lac d'Annecy
		Van Gogh	Autoportrait à l'oreille coupée

HOLLANDE

VILLE	MUSÉE	ŒUVRES CÉLÈBRES CONSERVÉES	
Amsterdam	Rijksmuseum	**Rembrandt**	La Ronde de nuit
		Vermeer	La Laitière
	Rijksmuseum Vincent Van Gogh	Collection de tableaux et de dessins de **Van Gogh** dont :	Autoportrait Les Tournesols
	Stedelijk Museum	**Matisse**	La Perruche et la Sirène
		Kandinsky	Improvisation 33
		Warhol	Large Flowers
La Haye	Mauritshuis	**Vermeer**	Vue de Delft
		Rembrandt	Suzanne au bain

HONGRIE

VILLE	MUSÉE	ŒUVRES CÉLÈBRES CONSERVÉES	
Budapest	Musée national des Beaux-Arts	**Titien**	Portrait du doge Trevisani
		Bruegel l'Ancien	Le Sermon de saint Jean
		Raphaël	Madone Esterházy
		Rembrandt	Portrait d'un vieux rabbin

ITALIE

VILLE	MUSÉE	ŒUVRES CÉLÈBRES CONSERVÉES	
Florence	Galerie des Offices	**Piero della Francesca**	Portrait du duc de Montefeltro
		Fra Angelico	Le Couronnement de la Vierge
		Botticelli	La Naissance de Vénus
			Le Printemps
		Vinci	L'Annonciation
		Raphaël	Madone au Chardonneret
		Titien	Vénus d'Urbino
		Le Caravage	Bacchus adolescent
Milan	Pinacothèque de Brera	**Mantegna**	Le Christ mort
		Véronèse	Baptême du Christ
		Raphaël	Le Mariage de la Vierge
Rome	Musée du Palais du Vatican	Fresques de **Raphaël**	Appartement de Jules II
		Fresques de **Michel-Ange**	Chapelle Sixtine
		Vinci	Saint Jérôme
Venise	Galeries de l'Académie	**Giorgione**	La Tempête
		Véronèse	Le Repas chez Lévi
		Titien	Présentation de la Vierge au temple
		Collection de **Tiepolo, Canaletto, Guardi**	

RÉPUBLIQUE TCHÈQUE

VILLE	MUSÉE	ŒUVRES CÉLÈBRES CONSERVÉES	
Prague	Narodni Galerie	**Dürer**	La Fête du rosaire
		Bruegel l'Ancien	La Fenaison
		Rembrandt	Érudit dans son cabinet de travail
		Cézanne	Portrait de Henri Gasquet

RUSSIE

VILLE	MUSÉE	ŒUVRES CÉLÈBRES CONSERVÉES	
Moscou	Musée Pouchkine	Botticelli	Annonciation
		Rembrandt	Assuerus, Aman et Esther
		Monet	Meules
		Cézanne	Pêches et Poires
		Gauguin	La Femme du roi
		Van Gogh	Les Vignes rouges d'Arles
		Matisse	Atelier du peintre
		Picasso	Femme à l'éventail
Saint-Pétersbourg	Musée de l'Ermitage	Vinci	Vierge à l'Enfant
		Raphaël	Madone Conestabile
		Titien	Jeune femme à la fourrure
		Monet	Champ de coquelicots
		Renoir	Femme en noir
		Cézanne	Montagne Sainte-Victoire
		Gauguin	Joie de se reposer
		Matisse	Nature morte à Séville

SUÈDE

VILLE	MUSÉE	ŒUVRES CÉLÈBRES CONSERVÉES	
Stockholm	National Museum	Rembrandt	Le Serment des Bataves
		Le Greco	Les Apôtres saint Pierre et saint Paul
		Manet	Jeune homme pelant une poire
		Renoir	La Grenouillère
		Gauguin	Paysage de Bretagne
		Van Gogh	Effet de lumière dans une ramure
		Cézanne	L'Amour en plâtre

SUISSE

VILLE	MUSÉE	ŒUVRES CÉLÈBRES CONSERVÉES	
Bâle	Kunstmuseum	Holbein	Portrait d'Érasme
		Monet	Effet de neige
		Van Gogh	Le Jardin de Daubigny
		Cézanne	La Montagne Sainte-Victoire
		Gauguin	Ta matete
		Picasso	Pain et fruits sur une table
		Klee	Polyphonie
Berne	Musée des Beaux-Arts	Fra Angelico	Vierge à l'Enfant
		Monet	La Débâcle
		Cézanne	Autoportrait
		Matisse	Liseuse au guéridon
		Picasso	Buveuse assoupie
		Klee	importante collection de tableaux
Zurich	Kunsthaus	Manet	L'Évasion de Rochefort
		Monet	Les Falaises de Dieppe
		Van Gogh	Toit de chaume à Auvers
		Picasso	Le Joueur d'orgue de Barbarie
		Cézanne	Rochers en forêt

Les grands musées aux États-Unis et au Canada

ÉTATS-UNIS

VILLE	MUSÉE	ŒUVRES CÉLÈBRES CONSERVÉES	
Boston	Museum of Fine Arts	**Monet**	Nymphéas
		Manet	Portrait de Victorine Meurent
			Exécution de l'empereur Maximilien
		Cézanne	Madame Cézanne dans un fauteuil rouge
		Gauguin	D'où venons-nous ? Que sommes-nous ? Où allons-nous ?
		Van Gogh	Le Facteur Roulin
Chicago	Art Institute of Chicago	**Cézanne**	Les Baigneuses
		Seurat	Un Dimanche après-midi à l'île de la Grande-Jatte
		Renoir	Déjeuner des canotiers
		Van Gogh	La Chambre de Vincent à Arles
		Toulouse-Lautrec	Au Moulin rouge
		Picasso	Portrait de D.-H. Kahnweiler
Los Angeles	County Museum of Art	**Rembrandt**	Résurrection de Lazare
		Boucher	Mercure, Vénus et Psyché
		Cézanne	Nature morte
		Van Gogh	L'Hôpital Saint-Paul
		Matisse	L'Heure du thé
New York	Frick Collection	**Della Francesca**	Saint Simon
		Holbein	Portrait de Thomas Cromwell
		Rembrandt	Autoportrait
		Vermeer	L'Officier et la Jeune Fille riant
		Vélasquez	Portrait de Philippe IV
	Metropolitan Museum of Art	**Botticelli**	La Dernière Communion de saint Jérôme
		Bruegel l'Ancien	La Moisson
		Vermeer	Femme à la fenêtre
			La Joueuse de luth
		Watteau	Mezzetin
		Monet	La Grenouillère
		Cézanne	La Montagne Sainte-Victoire
		Van Gogh	L'Arlésienne aux livres
		Seurat	La Parade
		Picasso	Pierrot
			Portrait de Gertrude Stein
	Museum of Modern Art	**Monet**	Nymphéas
		Cézanne	Nature morte aux pommes
		Van Gogh	La Nuit étoilée
		Warhol	Gold Marilyn Monroe
		Picasso	Les Demoiselles d'Avignon
			Arlequin
		Chagall	L'Anniversaire
		Matisse	Intérieur aux poissons rouges
		Delaunay	Disques solaires
		Dali	Persistance de la mémoire
		Pollock	Number one
	Guggenheim Museum	**Cézanne**	L'Horloger
		Kandinsky	La Montagne bleue
		Delaunay	Tour Eiffel
		Braque	Violon et palette
		Pollock	Ocean Greyness

VILLE	MUSÉE	ŒUVRES CÉLÈBRES CONSERVÉES	
Philadelphie	Museum of Art	**Monet**	Le Port du Havre
		Van Gogh	Les Tournesols
		Cézanne	Les Grandes Baigneuses
		Picasso	Les Trois musiciens
			Autoportrait à la palette
		Duchamp	La Mariée mise à nue par les célibataires
			Nu descendant l'escalier
San Francisco	Museum of Modern Art	**Monet**	Les Falaises de Dieppe
		Matisse	Portrait de Sarah Stein
			Portrait de Michel Stein
		Picasso	Nature morte
		Braque	Le Guéridon
Washington	Phillips Collection	**Renoir**	Le Déjeuner des canotiers
		Cézanne	La Montagne Sainte-Victoire au grand pin
	National Gallery of Art	**Giotto**	Vierge à l'Enfant
		Botticelli	Giuliano de Médicis
		Raphaël	Saint Georges et le Dragon
		Vinci	Ginevra de Benci
		Rembrandt	Autoportrait
		Vermeer	La Peseuse de perles
		Le Greco	Lacoon et ses fils
		Fragonard	La Liseuse
		Manet	Le Torero mort
		Monet	Cathédrale de Rouen
		Van Gogh	Autoportrait
		Gauguin	Autoportrait
		Cézanne	Paysage à l'Estaque
		Picasso	Famille de saltimbanques

CANADA

VILLE	MUSÉE	ŒUVRES CÉLÈBRES CONSERVÉES	
Ottawa	Galerie nationale du Canada	**Poussin**	Le Martyre de saint Étienne
		Rembrandt	La Toilette d'Esther
		Rubens	Mise au tombeau
		Chardin	La Gouvernante
		Corot	Le Pont de Narni
		Picasso	Sur le guéridon
Montréal	Musée des Beaux-Arts	**Matisse**	Femme à la fenêtre
		Picasso	Lampe et cerises

Index

Les numéros de page en gras indiquent la reproduction d'un tableau du peintre cité.

Crédits photographiques

Édition : Magali Hubert - Laurence Accardo
Maquette de couverture : Evelyn Audureau – Alice Lefèvre
Maquette intérieure : Favre-Lhaïk - Thierry Méléard
Illustrations : Jérôme Lo Monaco
Iconographie : Gaëlle Mary
Composition, mise en page : Compo 2000

Achevé d'imprimer en France par CLERC S.A. - 18200 Saint-Amand-Montrond
N° Projet : 10160475 - septembre 2009 - N° imprimeur : 10003